ゼロからの『資本論』

斎藤幸平 Saito Kohei

NHK出版新書
690

はじめに　『資本論』と赤いインク

あなたが、この入門書を手に取った理由はなんでしょうか。

毎日が楽しくてしょうがない人が、この本を積極的に手に取る確率は低いはず。少なくとも漠然《ばくぜん》と、今の仕事や社会のあり方に生きづらさや虚無感を覚えたり、気候変動や円安のニュースを前にして、未来に不安を感じたりしている方が多いのではないでしょうか。

コロナ禍は、現代社会の格差が深刻なレベルになっていることを可視化しました。百貨店では４００万円超えの超高級腕時計がバンバン売れる一方、コロナ禍で困窮した多くの人が炊き出しの列に並んでいます。

日本で年収３００万円未満の単身者の貯蓄額を見ると、30代の中央値は15万円、40代はなんとわずか2万円。雇用者全体の4割に近い非正規の労働者の暮らしは、かなり追い込まれているのがわかります。これでは当然結婚や子育てもできず、老後の貯蓄もできません。

正社員でそれなりの収入がある人でも、生活に余裕はありません。共働きで2人とも仕事と家事に疲弊し、家族団欒《だんらん》の時間も少ない。残業を減らそうにも、30年の住宅ローンや子どもの塾代は家計を圧迫しています。少しでも貯蓄に回すために、スマホを格安ＳＩＭに替えたり、ネット通販でポイントを貯めている人も多いはず。要するに、生活はカツカツなわけです。

地球環境も危機的な状況です。熱波や洪水、干ばつなどの被害はすでに世界各地で起きていますが、今後、気候変動の影響はますます強まっていきます。億単位の人が今住んでいる場所を追われ、水不足や食糧不足が毎年のように発生し、山火事や洪水による経済的な損失も増大していくでしょう。

このような状況を踏まえれば、今、みなさんの感じている不安や生きづらさは根拠のないものではありません。むしろ、私たちの生活はますます豊かなものになるという約束が、21世紀にはもはや果たされなくなりつつある。だから、さまざまなところで、資本主義を「改革」する必要が唱えられ、場合によってはその「危機」や「限界」さえも指摘されるようになっているのです。

だいたいこのあたりまでは、この本を手に取った少なからぬ人が共有できる問題意識だと思います。ただここで、「だからこそ、マルクスだ」と言われると、半信半疑かもしれません。今更、マルクス。ましてや、コミュニズムなんて……。資本主義の自由と豊かさを捨てるなんて正気《しょうき》か？　――私自身も大学生の頃からずっとそう言われ続けてきたし、今でもそうです。

　マルクスに対する疑念、私もよくわかります。『資本論』第1巻の初版が刊行されたのは1867年。徳川慶喜《よしのぶ》が大政奉還《たいせいほうかん》をした年です。インターネットもないし、現代のような金融市場もない。「150年も前に資本主義を論じた本を、今さら苦労して読んでも役に立つのか……」と躊躇《ちゅうちょ》してしまうでしょう。

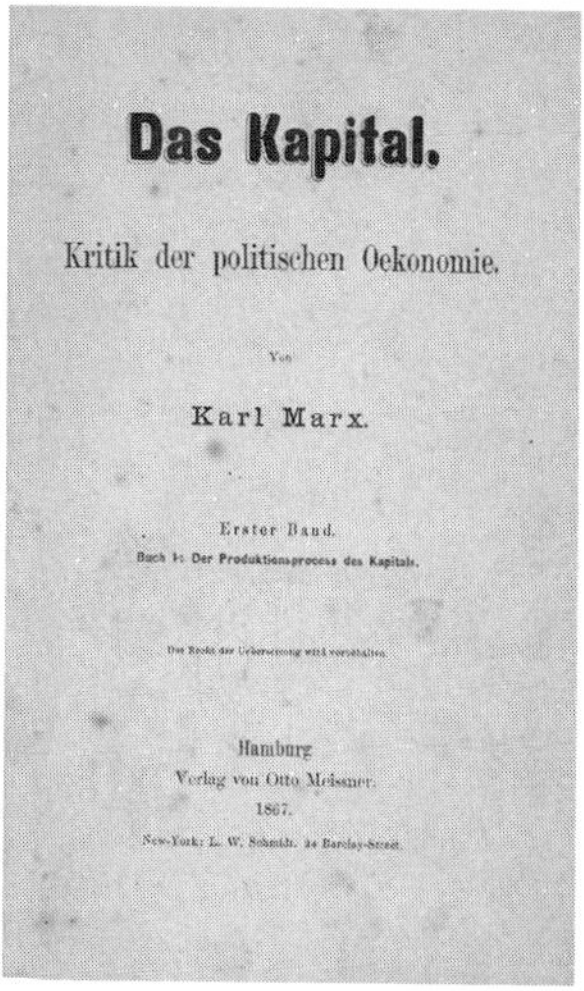

『資本論』第1巻初版（オットー・マイスナー社刊）の大扉ページ（大阪公立大学杉本図書館蔵書より一部画像を加工して掲載）

　それに、仮に理解したところで無意味だ、ソ連崩壊がマルクス主義の失敗を歴史的に証明しているではないか、という反応も多い。実際、マルクス主義と社会主義を謳《うた》ったソ連が崩壊して以降、世界中で左派は弱体化していきました。

　労働者解放のための社会主義革命という、かつては多くの人を魅了したマルクス主義の「大きな物語」は失効《しっこう》したのです。代わりに、資本主義のさらなる発展によって、ＡＩやロボティクスが人間を労働から解放し、宇宙旅行が可能になり、遺伝子工学の発展によって私たちは２００歳まで生きられるようになると豪語されたのです。もちろん、地球環境も持続可能なものになるはずでした。

けれども、その結果、世界はどうなったでしょうか？　資本主義を批判する者がいなくなり、新自由主義という名の市場原理主義が世界を席巻して、格差が急拡大したのみならず、グローバル資本主義はこの惑星の姿をボロボロにしたのです。その一方で、約束された〝夢の技術〟が完成する見込みは全然ありません。

にもかかわらず、資本主義を正面から批判し、資本主義を乗り越えようと主張する人は、日本には相変わらずほとんどいません。なぜでしょうか？

そんな日本社会の状況を考えるきっかけとして、ある有名なジョークを引用したいと思います。

ある男が、東ドイツからシベリア送りとなりました。彼は、検閲官が自分の手紙を読むことを知っていました。だから、友人にこう言ったのです。「暗号を決めておこう。もし、俺の手紙が青いインクで書かれていたら、手紙の内容は真実だ。だが、もし赤いインクで書かれていたら、それは嘘だ」。1カ月後、彼の友人が手紙を受け取ると、すべてが青いインクで書かれていました。そこには、こう書かれていたのです。「ここでの暮らしは大変素晴らしい。美味《おい》しい食べ物もたくさんある。映画館では西側の面白い映画をやっている。住まいは広々して豪華だ。ここで買えないものと言ったら、赤いインクだけだ」。

このジョークはソ連の「社会主義」についてのものですが、資本主義での暮らしにもそのまま当てはまるでしょう。今私たちが享受している「自由」や「豊かさ」が、この青いインクで書かれた手紙の世界にほかなりません。例えば、日本に暮らす私たちは、ウーバーイーツで美味しいものを注文したり、ネットフリックスで好きな映画を見たり、ルンバの自動掃除機を買うこともできる。そんな世界では、私たちの望む自由がすべて実現されているように見えるかもしれません。

でもそれはただ、この社会の不自由を描くための赤いインクがないからだとしたら？だって、実際には、給料は安いし、仕事もつまらない。家も車もローンを組まないと（あるいはローンを組んでも）買えない。定年まで必死に働いても年金はもらえないかもしれない。さらに、気候危機は悪化していく。そのうえ、インフレに悩まされる世界経済の先行きは不安で、日本には円安や人口減少という問題もある。実際には、これからも資本主義が続く、と言われて未来に希望を持てる人は、どんどん減っているのではないでしょうか。

本来、この世の現実にうんざりして、会社をサボって昼間から呑《の》みに行っても、別にバチは当たらないはず。現在のような絶望的状況でも、資本主義のもとでの経済成長や技術革新が明るい未来をもたらすと信じて、歯を食いしばって働き続けないといけないとしたら――それは単に、資本主義では赤いインクが手に入らなくて、世界が青いインクで塗りつぶされているだけなのかもしれません。

今、私たちに必要なのは、赤いインクです。そして、私たちが一度は捨ててしまった『資本論』こそが、赤いインクなのです。なぜか？　それは、『資本論』を読むことで私たちはこの社会の不自由を的確に表現できるようになるからです。さらにそれは、失われた自由を回復するための第一歩になるでしょう。

ただし、出鼻をくじくようですが、『資本論』を読破するのは、かなりの難行です。分厚くて、叙述スタイルも独特。随所に出てくる哲学的表現につまずいてしまう人もいるでしょう。でも心配はご無用。本書を〝ゼロから〟の入門書として役立てていただきたいと思います。

その際に本書では、近年の研究成果も踏まえて『資本論』をまったく新しい視点で――

〝ゼロから〟――読み直し、マルクスの思想を21世紀に活かす道を、一緒に考えていきます。そうすることで、資本主義ではない別の社会を想像する力を取り戻すことができるようになるはずです。

『資本論』第1巻からの引用文は筆者訳。底本は1962年にディーツ社より刊行されたドイツ語版“Karl Marx / Friedrich Engels *Werke*”の第23巻。引用文のあとに掲載ページを示す。岡崎次郎訳『資本論』（大月書店国民文庫）などの邦訳ではページの上部に示される丸括弧でくくられた数字が、これに対応する。ほかのマルクスの著作の引用も筆者訳だが、該当箇所を大月書店版『マルクス＝エンゲルス全集』の頁数で示し、「全集第13巻6頁」のように記した。

ゼロからの『資本論』　目次

第1章

「商品」に振り回される私たち

南の島の漁師の小噺

都会であくせく働く人と南の島の漁師の小噺《こばなし》を聞いたことはありませんか。「なんでお前は毎日そんなにダラダラしているんだ。もっと真面目に働いて金を稼げ」「そんなに必死に働いて、貯めたお金で何をするんだい？」「たくさん稼いで引退したら昼寝しながら、のんびり魚釣りでもして暮らしたいからね」「ああ、僕はもうそれをやっているよ」――。

私たちはいったい何のために、毎日つらい思いをしてこんなにたくさん働いているのでしょうか。美味しいものを食べたり、ビーチで休暇を過ごしたりするため？　それとも、のんびりと老後を過ごすため？　でもそれだったら小噺に登場する漁師の方が、都会で暮らす私たちよりも、すでにずっといい暮らしをしているのかもしれません。

もちろん、今の仕事が大好きで、待遇や労働条件に満足している人もいるでしょう。そんなあなたはとてもラッキーです。だって、少し周りを見渡せば、仕事に不満や苦痛を感じている人を見つけるのは簡単なはず。パートの配偶者や非正規雇用の同僚にも、そんな人たちがいるかもしれません。ここにはすでに「階級」の問題が見え隠れしています。

とはいえ、いきなり階級の違いを強調するよりも、まずは私たちの間の大きな共通点に注目していきましょう。「働いている」という事実は、南の島の漁師にも、日本で暮らす私たちにも共通しています。漁師も、サラリーマンも、みんな生きるために働いているわけです。

　そこでまずは、私たちが毎日行っている「労働」という行為について考えることを通じて、徐々に資本主義に迫っていきましょう。

「物質代謝」としての労働

　人間は、ほかの生き物と同様に、絶えず自然に働きかけ、様々な物を生み出しながら、この地球上で生を営んできました。家、洋服、食べ物などを得るために、人間は積極的に自然に働きかけ、その姿を変容し、自らの欲求を満たしていきます。こうした自然と人間との相互作用を、マルクスは生理学の用語を用いて、「人間と自然との物質代謝」と呼びました。

「物質代謝」とは元来は化学・生理学の用語で、〈生体に取り込まれた物質が、多様な化学変化を経て、異なった物質となって体外に排出される過程〉を指す言葉です。食べたものが消化されて、栄養になり、要らないものは体外に排出される過程と言えば、身近に感じるでしょうか。

　１８５０年代、この概念を最初に正式に使用したのは、ドイツの化学者ユストゥス・フォン・リービッヒ（本書第4章参照）でした。マルクスはリービッヒの著作を熱心に研究し、物質代謝の考え方を『資本論』に取り入れます。当時この概念は自然科学の領域を超えて哲学・経済学の領域でも広く使われており、マルクスもまたこの概念を用いて〈人間と自然の関係性〉を分析したのです。

マルクスが『資本論』に託したメッセージの核心に迫るうえで、この概念はとても重要です。本書は、物質代謝論を土台として『資本論』を読み進めていくと言っても過言ではありません。それは、私がマルクスにならって「労働」という行為を重視しているからです。

というのも、人間が自然との物質代謝を規制し制御する行為が「労働」なのです。例えば、『資本論』第1巻の第5章第1節「労働過程」で、マルクスは次のように「労働」を定義しています。

> 労働は、まずもって、人間と自然とのあいだの一過程、すなわち、人間が自然との物質代謝を自らの行為によって媒介し、規制し、制御する一過程である。(192)

「労働」といえば労働者の「搾取《さくしゅ》」の話だ、などと思っていると、こういった箇所を見逃してしまうかもしれません。でも、搾取はまだ先の話。ここでマルクスは、もっと一般的な話をしていて、労働と物質代謝が切り離せないことを指摘しています。

実際、都市で暮らしていると忘れてしまいがちですが、インスタントラーメンもパソコンも、自然に働きかけることなしに作ることはできません。自然との物質代謝は人間の生活にとって「永遠の自然的条件」だと、マルクスは述べています(198)。つまり、どれほど技術が発展したとしても、私たちはけっして、自然との物質代謝を離れて生きることができず、その限りで労働もなくならない、ということです。

人間の労働は何が特殊か

もちろん、人間だけでなく地球上のあらゆる生き物が、自然との物質代謝を行いながら生きています。人間が森から木を伐《き》り出して家を作るように、熱帯地域のシロアリは人間もびっくりするような、内部の温度をほぼ一定に保つ空調の仕組みも整えた蟻塚《ありづか》を作ります。

けれども、人間とほかの生き物との間には決定的な違いがある、とマルクスは言います。それは、人間だけが、明確な目的を持った、意識的な「労働」を介して自然との物質代謝を行っているという違いです。

人間は単に本能に従って、自然とかかわっているのではありません。本能的な欲求を満たすための工夫はほかの動物でも行います。熱帯アメリカにすむハキリアリは、その名の

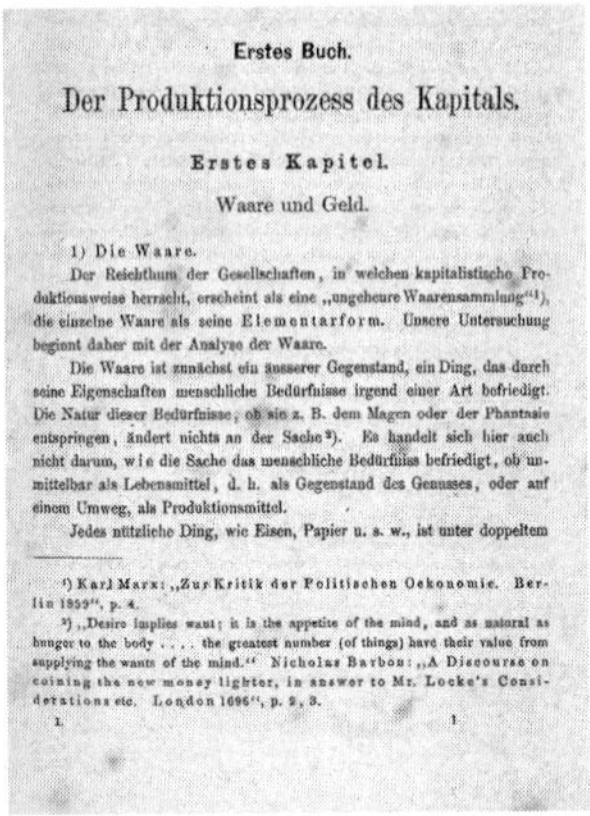

Erstes Buch.

Der Produktionsprozess des Kapitals.

Erstes Kapitel.

Waare und Geld.

1) Die Waare.

Der Reichthum der Gesellschaften, in welchen kapitalistische Produktionsweise herrscht, erscheint als eine „ungeheure Waarensammlung“[1], die einzelne Waare als seine Elementarform. Unsere Untersuchung beginnt daher mit der Analyse der Waare.

Die Waare ist zunächst ein äusserer Gegenstand, ein Ding, das durch seine Eigenschaften menschliche Bedürfnisse irgend einer Art befriedigt. Die Natur dieser Bedürfnisse, ob sie z. B. dem Magen oder der Phantasie entspringen, ändert nichts an der Sache[2]. Es handelt sich hier auch nicht darum, wie die Sache das menschliche Bedürfniss befriedigt, ob unmittelbar als Lebensmittel, d. h. als Gegenstand des Genusses, oder auf einem Umweg, als Produktionsmittel.

Jedes nützliche Ding, wie Eisen, Papier u. s. w., ist unter doppeltem

[1]) Karl Marx: „Zur Kritik der Politischen Oekonomie. Berlin 1859“, p. 4.

[2]) „Desire implies want; it is the appetite of the mind, and as natural as hunger to the body .... the greatest number (of things) have their value from supplying the wants of the mind.“ Nicholas Barbon: „A Discourse on coining the new money lighter, in answer to Mr. Locke's Considerations etc. London 1696“, p. 2, 3.

I. 1

『資本論』第1巻初版の第1章「商品」の冒頭ページ（大阪公立大学杉本図書館蔵書より掲載）

とおり葉を切り集めて巣に持ち帰り、菌を植えつけてキノコを栽培します。チンパンジーのように、道具が使える動物もいます。

　しかし、暖をとるだけなら暖かい服を作れば十分ですが、人間は「よりきれいな服を作る」という目的のために、染料で服を染めたりします。土器なら、食事をするための器があれば事足りそうですが、祭事や芸術など本能的な欲求を満たす以外の目的のために人形を作ったりしてきました。

　人間だけがほかの生き物よりもはるかに多様でダイナミックな〝自然への働きかけ〟ができるのです。そのことは、文化や技術の発展の歴史を見れば明らかでしょう。

　その際、もう一つ重要なことがあります。人間と自然との物質代謝は循環的で、一方通行で終わるものではないということです。自然に還《かえ》らないゴミを大量に出し続ければ、例えばマイクロ・プラスチックを食べた魚が私たちの食卓に戻ってきます。また、化石燃料の大量消費による二酸化炭素の排出は気候変動を引き起こし、私たちの文明を脅かすようになるでしょう。

　要するに、私たちの暮らしや社会、それを取り囲む自然環境の姿は、私たちが自然に対してどのように働きかけるかで決まります。この働きかけ方を大きく誤ると社会や自然は荒廃してしまう。だから、労働は人間の自由や繁栄にとって極めて重要な活動なのです。

　以上のことからもわかるように、マルクスが「労働」の概念に注目したのは、労働者階級の搾取を白日の下にさらしたいというような政治的な意図があったからではなく、物質代謝という人間と自然の本源的な関係を重視していたからなのです。

　とはいえこの事実を漠然と捉えるだけなら、どんな時代にも人間は自然との物質代謝を営んできたと言えてしまいます。けれども、その具体的な姿は、時代や地域ごとに大きく異なっていますよね。そして、この点こそが重要です。

　つまり、マルクスは、人間の意識的かつ合目的的な活動である「労働」が、資本主義のもとでどのように営まれているかを考察することで、人間と自然の関係に決定的な変化があることを明らかにし、そこから資本主義の特殊性に迫っていくのです。

『資本論』は「富」から始まる

　では、以上のことを念頭に、いよいよ『資本論』を読み始めましょう。

> 資本主義的生産様式が支配的な社会の富は、「商品の巨大な集まり」として現れ、個々の商品は、その富の要素形態として現れる。それゆえ、われわれの考察は商品の分析から始まる。（49）

これが第1巻第1章「商品」の幕開けとなる有名な一節です。

要するに、「商品」の分析から始める、と宣言されているのですが、もう少し注意してみましょう。よく読むと、この文章の主語は「商品」ではなく、「富」だということに気がつきませんか。そう、『資本論』の分析は「商品」から始まりますが、『資本論』そのものは「富」で始まるのです。

「資本主義的生産様式が支配的な社会」――つまり資本主義社会――の「富」は「商品」という形で「現れる」、とマルクスは言っているわけです。先にも述べたようにマルクスは、資本主義がなぜ特殊なのかについて、資本主義以外の社会との違いを、「労働」を基礎として明らかにしようとしました。

資本主義社会における労働は「商品」を生み出します。実際、私たちの生み出した商品で、この世界はあふれていますよね。けれども、裏を返せば、資本主義以外の社会における労働が生み出す富は必ずしも商品として現れるわけではない、ということです。だから、資本主義を理解するためには、商品とそれを生産する労働の分析が重要になるのです。

富とは何か

　では、そもそも「富」とは何でしょうか。「富」を表す一般的な英語はwealthです。これは金銭や有価証券、不動産など、貨幣で測れる財、金額として表せる財がイメージされる言葉ですよね。ただ、それでは、富と商品の区別がつかなくなってしまいます。実際、富といえば商品、という短絡的な考え方が、私たちには染み付いてしまっている。

　これを解きほぐし、考え方の幅や世界の見方を広げようとするのが、『資本論』の副題にもなっているマルクスの「経済学批判」というプロジェクトです。本書を読み終わる頃には、「富」という言葉で思い浮かべるイメージが大きく変わっているはずです。

　なのでもう少し別のアプローチをしてみましょう。ドイツ語で「富」は「ライヒトゥーム（Reichtum）」といいます。形容詞reichは英語でrich、日本でもカタカナ語として「リッチな」などと使いますね。これも狭義には「リッチな人」などお金持ちのイメージになりますが、味わいや香りが「リッチ」ともいうように、何かが「豊潤・潤沢である（アバンダント〔abundant〕）」ことも意味します。それはお金では表せないものです。

この用法に従えば、例えば、きれいな空気や水が潤沢にあること、つまり、自然の豊かさも、社会の「富」ということになります。緑豊かな森、誰もが思い思いに憩《いこ》うことのできる公園、地域の図書館や公民館などがたくさんあることも、社会にとって大事な「富」、「財産」でしょう。知識や文化・芸術も、コミュニケーション能力や職人技もそうです。貨幣では必ずしも計測できないけれども、一人ひとりが豊かに生きるために必要なものがリッチな状態——それが社会の「富」なのです。

「商品」の正体

そして、この「富」を生み出し、維持、発展させるのが「労働」です（修理やメンテナンスも労働の本質的な役割です）。ほかの人たちと協力し、自然に働きかけることで、人間は自分たちの能力を発展させ、また自然を自らの欲求に合わせて変容し、富を豊かなものにしてきました。ところが、こうした社会の「富」が、資本主義社会では次々と「商品」に姿を変えていく、とマルクスは言います。

これは今も私たちの身近で起こっていることです。例えば、都市部の公園を更地にして、そこに高層マンションやショッピングモールを建てたり、森を切り開いてゴルフ場にしたり、何枚もの太陽光パネルを敷いたメガソーラーを造ったり。

一番わかりやすいのは「水」でしょう。私が子どもの頃、飲料水は「商品」ではなく、水道からタダで飲めるものでした。ペットボトルに入った水が「ミネラルウォーター」という「商品」として定着したのは、ここ30年くらいのことです。

そうすると、水道水の水質は別に変わっていないのに、水道水を飲まない人が出てきます。もともと気兼ねなく飲んでいた水を、わざわざお金を払って飲むようになる。私たちの感性や欲求が、商品社会のなかでは変わっていくわけです。その結果、企業は儲《もう》かる一方、私たちのお財布の負担は増えていきます。

このように、ありとあらゆるものを「商品」にしようとするのが資本主義の大きな特徴の一つです。このことに慣れすぎていて、もしかしたら不思議に思わないかもしれません。でも、それが当たり前ではないし、豊かさの前提ではないことに気がつくよう、マルクスは『資本論』の冒頭から訴えかけているのです。

ちなみに、水の例からもわかるように、社会の富が「商品の巨大な集まり」として現れて資本主義らしい社会が成立したのは、わりと最近のことです。あのアメリカの都市部でさえ、第二次世界大戦以前は、まだみんな自分たちの家の庭で様々な野菜を育てていて、自給して近所にお裾《すそ》分けしながら生活していました。資本主義社会というのは、なにか昔からずっとある、当たり前のもののように感じるかもしれませんが、歴史を振り返ると、意外とそうでもないのです。

もちろん、資本主義以前の社会にも商品はありました。しかし、その多くは交易品やぜいたく品で、日常の生活に必要な物は基本的に自分たちで作ったり、みんなで集めて、分かち合いながら暮らしていました。お金を出して買う商品の領域は限られており、社会の富が「商品の巨大な集まり」として現れることはなかったのです。

ところが今はどうでしょう。生活に必要な物のほぼすべてが商品となり、商品に頼らず生きることは、もはや不可能といっても過言ではありません。

その代わり、巷《ちまた》には魅力的な商品があふれています。お金を出せば、いつでも何でも手に入るようになったことで、私たちの暮らしは「豊かになった」ようにも見えます。しかし、まさに商品化によって社会の富の潤沢さが失われ、むしろ「貧しくなっている」ことを、マルクスは一貫して問題視しています。

どういうことか。この一見すると逆説的な事態について、より詳しく見ていきましょう。

資本が森を囲い込む

マルクスは、ドイツのイエーナ大学で博士号を取得後、地元の『ライン新聞』*で編集者として働き始め、そこで本格的に社会問題の告発に取り組みます。特に１８４２年に同紙の編集長に就任してからは木材盗伐についての記事を何度も書きました。

当時ドイツの貧しい人々は、煮炊きをしたり冬に暖をとったりするための枯れ枝を近くの森で拾い集めていました。枝は生活に不可欠なみんなの「富」だったのです。ところが、こうした行為を「窃盗」と断じる法律ができ、枝拾いをしていた人々が騎馬警官に襲われるという事件が起きたのです。

映画『マルクス・エンゲルス』（２０１７年）の冒頭シーンでもこのことは印象的に描かれていますが、地面に落ちた枝さえも地主が私有財産として囲い込み、「薪《たきぎ》が欲しかったら金を出して買え」と迫って、農民たちに容赦なく暴力を振るうわけです。それまでは、生活に必要な木の枝は誰が拾ってもいいものだったのに、資本主義による私物化や商品化がついにそこまで入ってきたことは、マルクスに大きな衝撃を与えました。そんな「商

＊ライン新聞　１８４２年1月から43年3月まで、ドイツ（当時はプロイセン王国）のケルンで発行されていた新聞。モーゼス・ヘスら青年ヘーゲル派（ヘーゲル左派。マルクスもその一員だった）の急進的知識人が、裕福で自由主義的な資本家たちを説得して創刊。１８４２年10月マルクスが編集長になって以降、新聞の発行部数は4倍近くに伸びたが、プロイセン当局は州議会・国家批判の論調を許さず、43年3月末をもって発行が禁止された。

品」の論理に支配された社会を痛烈に批判したマルクスは、当局に目をつけられ、『ライン新聞』も廃刊に。やがてマルクス一家もパリに移ることになります。

　この一件からもわかる通り、社会の「富」が「商品」に姿を変えるということは、簡単にいうと、値札がついて“売り物”になるということです。

　かつては誰もがアクセスできる〈コモン〉（みんなの共有財産）だった「富」が資本によって独占され、貨幣を介した交換の対象、すなわち「商品」になる。例えば飲料メーカーが、ミネラル豊富な水が湧《わ》く一帯の土地を買い占め、汲《く》み上げた水をペットボトルに詰めて「商品」として売り出してしまう。それまで地域の人々が共同利用していた水汲み場は立ち入り禁止となり、水を飲みたければスーパーやコンビニで買うほかなくなる。これが商品化です。

　もちろん、お金があれば何でも買えますが、お金がない人は生活にどれだけ必要なもの

Rheinische Zeitung
für
Politik, Handel und Gewerbe.
Nr 298
Köln, Dienstag den 25. Oktober
1842

マルクスが執筆した記事「木材窃盗取締法に関する討論」を掲載した最初の号（『ライン新聞』1842年10月25日付）

であっても、もはや手に入れることができません。アメリカの医療を思い浮かべてください。世界一の経済大国であるアメリカには当然、医師、病院、薬など医療資源は十分にあります。それにもかかわらず、お金のない人は医療費が高すぎて病院に行くことができません。医療が「希少」なモノになる。だからこそ、保険ビジネスや製薬会社が儲かるわけです。

一方、アメリカ人の平均寿命はコスタリカ人よりも短い。資本主義は、人工的に「希少性」を生み出し、人々の暮らしを貧しくするシステムといってもいいでしょう。

けれども一体なぜ、資本主義はそんな不合理なことをするのでしょうか。

人間と自然の関係が変わる

かつて〈コモン〉だった森や水は、誰もがアクセスできるという意味で「潤沢」な「富」でした。しかし、これは資本主義にとって非常に都合が悪い。お金を出して買わなくても生活に必要な物が手に入るなら、商品を作ってもまったく売れないからです。だから、〈コモン〉を解体して独占し、あるいは破壊までして、買わなければいけないモノ、つまり「商品」にしようとするのです。

とはいえ、人々を締め出して森を独占したとしても、そこに生えている木を伐採し、製材しなければ「商品」にはなりません。「商品」にするためには「労働」が必要です。この労働を担ってくれるのが、森から締め出され、薪を買うためにお金を必要としている人々です。〈コモン〉の囲い込みは、資本にとって二重の意味で好都合だったのです。

歴史的には、15—17世紀のイギリスで、地主や領主が非合法に農地を囲い込み、農民を追い出して、農産物より儲かる羊の放牧地に転化するということが盛んに行われました。いわゆる「エンクロージャー（囲い込み）」です。土地を追われた農民の多くは浮浪人となって全国を彷徨《さまよ》うほかはなくなり、困窮した農民による一揆《いっき》が各地で頻発しました。

マルクスの時代にも、イギリスでは、地主層が議会立法により合法的に土地を囲い込んだ「第二次囲い込み」がありました。農地を追われ、住む場所も糊口《ここう》をしのぐ手立ても失った人々は、仕事を求めて都市になだれ込み、工場労働の担い手となっていったのです。いわゆるプロレタリアート（無産階級）はこうして形成されたのです。

そうはいっても、土地を追われた農民がいきなり真面目な「賃労働者」になったわけではありません。最初は浮浪者や犯罪者になり、都市の治安を悪化させました。だからこそ国家と警察権力が介入して浮浪者や山賊を逮捕し、救貧院で強制労働をさせることを通じて、ちゃんと言うことを聞くように規律訓練していったのです。暴力的な歴史的過程の成果として、現代の私たちのような勤勉な労働者が生み出されたのです。

一方で、農村に残った人々も、農作物を「商品」として生産する大規模農業経営のもとで農業に従事する賃労働者に転じていきます。こうして市場は社会全体へと、どんどん広がっていきます。

> 農村民の一部の収奪および追放は、労働者とともに、彼らの生活手段と労働材料を産業資本のために遊離させるのみならず、国内市場も作り出す。(775)

「商品」生産の担い手は、自らの労働力を提供するだけでなく、「商品」の買い手となって、資本家に市場を提供したのです。こうして市場経済が回り始めると資本家や地主はどんどん潤い、資本主義は発展していきました。

マルクスは、この暴力的な過程を「本源的蓄積」と呼び、〈コモン〉を解体して人々を賃労働に駆り立てる、資本主義に固有の収奪行為だと指摘しています。ここでのポイントは、人々が自然という富から切り離されて、生活が不安定になり、貧しくなるということです。

ここで本章冒頭の物質代謝の議論を思い出してください。物質代謝という視点から見れば、富が商品になって資本主義が発達していくことで、人間と自然の物質代謝が、従来とはまったく異なる形として展開されるようになっていくということです。

これまで農地を管理してきた農業労働者が追い出されて、彼らの暮らしは貧しくなり、農地は荒れ果ててしまう。また、自然の富は商品売買の対象になっていくことで、お金儲けのために、徹底的に収奪されるようになっていくのです。

目先の金儲けをやめられない

資本主義社会と、資本主義以外の社会の違いに、さらに迫っていきましょう。

違いの一つとして、資本主義のもとでは、ありとあらゆるものが商品化され、社会の「富」が「商品」に姿を変えていくということをここまで見てきました。

ただ、これは冒頭で引用したように、「現れ」の次元にとどまっています。私たちは、ここでもう一歩踏み込んで考える必要がある。そのためには、商品を生み出している「労働」がどのようなものかを分析しなくてはなりません。

マルクスによれば、「商品生産が全面化された社会」――つまり、ありとあらゆるものが商品化されていく資本主義社会では、物を作る目的、すなわち労働の目的がほかの社会とは大きく異なっています。

古来、人間は労働によって様々な物を作ってきましたが、資本主義以前の労働は、基本的に「人間の欲求を満たす」ための労働だったとマルクスは言います。例えば、食欲を満たすために、大地を耕して穀物や野菜を作る。あるいは、風雨や寒さから身を守るために、丈夫《じょうぶ》で暖かい衣服をこしらえる。自分を美しく見せたいという欲求を満たすための装飾品の製作、権力を誇示するための神殿の建設、領土をもっと広げたいという王の強欲を満たす戦争も、規模は違えど、基本的な目的は同じです。いずれも「食べ物」、「衣服」、「広大な土地」など、特定の物と結びついた欲求です。

こうした具体的欲求を満たすために、人間は労働したり、他人を労働させたりしてきたわけですが、そうした生産活動には、一定の限界があるものです。たくさん食べたいといっても、食べられる量には限りがあります。食べ物は作り過ぎると腐ってしまいますし、いかに強欲な王も、巨大な宮殿を１００も２００も欲しがったりはしません。

一方、資本主義社会で暮らす私たちはお金が大好きです。貨幣はいつでも好きな時に好きなモノに交換できて、とても便利だからです。それに貨幣は腐らないし、株に投資したりすればさらに増えていきます。ここから、無限に富を蓄えようとする欲求が生まれてきます。これが資本主義発展の原動力になるのです。

貨幣には「何でも買える」という特別な力があるため、お金をたくさん持つ人たちはどんどん有利になっていきます。大きな資産を株で運用すれば、ボロ儲けできるし、ライバル企業になりそうな会社は小さいうちに買ってしまえばいい。たくさん献金をすれば政治家も言うことを聞いてくれて、自分に有利な税制や法律を作ってくれるかもしれません。

その結果、一部の人が富を独占するようになり、深刻な格差が生まれるようになっています。国際ＮＧＯオックスファムによると、世界の富豪トップ26人の資産総額は、地球上の人口の約半分、実に約38億人の資産に匹敵するそうです。

南北問題のせい？　いや、それだけではありません。アメリカ一国に目を向けても、超富裕層トップ50人の資産は2兆ドルで、下位50％の1億６５００万人の資産に匹敵するのです。テスラのＣＥＯイーロン・マスクは世界一の大富豪で、資産は２０００億ドルを超えています。

マスクだけではありません。マイクロソフトの創業者ビル・ゲイツやアマゾンのジェフ・ベゾス、フェイスブック（現・メタ）のマーク・ザッカーバーグらは、使いきれないような資産を持ちながら、もっと金持ちになろうとしている。プライベートジェットや豪邸、ヨットに費やしてもお金を使いきれないので、今度は宇宙に行くために、みんなで浪費しています。

一方で庶民は、長時間労働、不安定雇用、低賃金などを余儀なくされて貧しくなっていくばかりです。必死に働いても、貯金もなく子どもも作れない。教育費や家賃、医療費は高く、生活に不安を感じている人は少なくありません。これが、トランプ現象を引き起こしたアメリカの分断の原因の一つであることは間違いないでしょう。

なぜこうした事態になるかというと、資本主義社会では「人間の欲求を満たす」ということよりも、「資本を増やす」こと自体が目的になっているからです。そのメカニズムについては次章で詳しく見ていきますが、資本主義は利潤追求を止められない。たとえそれが巷から書店を一掃するという破壊的な帰結を社会の「富」にもたらすような結果を生んだとしても、目先の金儲けを止められないのが資本主義なのです。

必要なものより「売れそう」なもの

生産活動の主要目的が、「人間の欲求を満たす」ことから「資本を増やす」ことに変われば、当然、生産の仕方も、生産されるモノも変わります。

資本主義社会で生産される「商品」は、人々の生活に本当に必要か、本当に重要かどうかよりも、それがいくらで、どれくらい売れそうか――言い換えると、どれくらい資本を増やすことに貢献してくれるか――が重視されます。

流行するとタピオカドリンク店や高級食パン店が町中に乱立してはあっという間に消えるのは、その典型例です。また、マスクや消毒液がコロナ禍で足りなくなりました。感染症流行に対する備蓄の必要性は専門家によって指摘されていたにもかかわらず、そのような〝無駄な〟（資本を増やすことに貢献しない）商品を資本は作ってこなかったのです。

個々のメーカーを責めているわけではありません。これが資本主義なのです。企業としては、平時には需要が限られていたマスクよりも、もっと「売れる」商品を作らなければなりませんでした。ところが、いったんマスクが売れるとなれば、スポーツ用品メーカーやファッションメーカーなど畑違いの企業が続々と参入し、マスク市場は飽和状態に。今度は余って、叩《たた》き売りされました。とにかく「儲かりそう」なモノを生産するのが資本主義の基本ですから、これも当然の成り行きと言えるでしょう。

ただし、「儲かるモノ」と「必要なモノ」は必ずしも一致しません。この点についてマルクスは、「商品」には2つの顔があると指摘しています。

一つは、「使用価値」という顔です。「使用価値」とは、人間にとって役に立つこと（有用性）、つまり人間の様々な欲求を満たす力です。水には喉《のど》の渇きを潤す力があり、食料品には空腹を満たす力があります。マスクにも、感染症の拡大を防止するという「使用価値」があります。生活のために必要な「使用価値」こそ、資本主義以前の社会での生産の目的でした。

しかし、資本主義において重要なのは、商品のもう一つの顔、「価値」です。

「商品」になるためには、市場で貨幣と交換されなければなりません。交換されない椅子は、座れるという「使用価値」しか持たない、ただの椅子です。それに対して、「商品」としての椅子は、市場で1万円の値札がつき、５００個の卵や2枚のシーツなど別の物と同じ価格で交換されるわけです。なぜでしょうか？

椅子や卵、シーツの「使用価値」は、全然違います。卵と椅子、どっちが役に立つでしょうか？　お腹が減っていたら卵かもしれませんし、仕事をしなければいけないときは椅子の方が役に立ちそうです。「どっちが役に立つか」と使用価値を比較しても、一向に、なぜどちらも1万円なのかが理解できません。有用性だけでは、なぜそれが５０００円ではなく、1万円なのかがわからないのです。

椅子や卵、シーツはどれも同じ「価値」を持っていて、それが1万円として表現されている。マルクスによれば、この「価値」は、その商品を生産するのにどれくらいの労働時間が必要であったかによって決まるのです。つまり、椅子や卵、シーツにも同じだけの労働時間が費やされているから、同じ価値を持つものとしてどれも1万円で交換される――これが、「労働価値説」です。

日本語では、「この椅子はおじいさんが大切にしていた、我が家で価値のある椅子」のような思い出や愛着など個人にとっての重要性も「価値」という言葉で表現しますが、マルクスの用語とは異なるので、『資本論』を読む場合は注意してください。

「価値」と「使用価値」も、言葉が似ているので混乱しそうです。でも、まったく別物であることは、空気のように、それなしに人間が生きることのできない使用価値の大きなものが無料である一方で、ダイヤモンドのように使用価値の小さなものが非常に高価であることからもわかるでしょう。空気は人間の労働なしに存在するので「価値」はありません。一方、ダイヤモンドの採掘には多くの労働が投入されるので「価値」は大きくなるのです。

「使用価値」の効能は、実際にそのものを使うことで実感できますが、「価値」は人間の五感では捉えることができません。マルクスも「まぼろしのような」（52）性質だと言っています。日常生活では商品に「値札」をつけて、かろうじてその輪郭をつかむことができますが、目に見えない不思議な力が、身近な商品にはあるのです。そして、この価値という不思議な力が、市場の拡大とともに、社会に大きな力を与えるようになっていきます。

モノに使われ、振り回される人間

「商品」の持つ2つの顔を区別すると、資本主義が様々な矛盾や不合理を生み出すメカニズムをすっきり説明することができます。

資本主義のもとでは、いくらで売れそうか、どれくらい儲かりそうかが大事です。つまり、価格という形で現れる「価値」の側面ばかりが優先され、肝心の「使用価値」は二の次になる。例えば、地球やお財布のことを考えれば、環境に配慮した素材を使って、長く使える商品を作るべきです。ところが、実際には、ファストファッションのように、環境負荷を無視して、安さを追求した洋服で、私たちのクローゼットはあふれかえっています。「儲かるモノ」（価値の側面）と「必要なモノ」（使用価値の側面）がここでは乖離《かいり》しているのです。

「価値」に振り回されているのは消費者ばかりではありません。資本の側が「売れそう」だと思って作っても、ヒットしなければ大量の在庫を抱えて倒産してしまうこともあるでしょう。それなりにヒットしたとしても、タピオカや高級食パンのように、追随する企業がたくさん現れて供給過多になれば、やはり売れなくなって、経営難に陥る可能性がある。

このような状況を前にして、マルクスは次のように述べています。

> 価値の大きさは、交換者たちの意志、予見、行為から独立して、絶えず変動する。交換者たち自身の社会的運動が、彼らにとっては、諸物の運動という形態をとり、彼らは、この運動を制御するのではなく、むしろ、この運動に制御される。（89）

マルクスが指摘している通り、「価値」は私たちの考えや思いとは関係なく、まるで天気のように、絶えず、そして突然変動します。その結果、人間が使うために人間が作っている物なのに、「価値」という魔力の予測不能な変動によって、人間が振り回されるようになってしまうのです。

「使用価値」のために物を作っていた時代は、文字通り、人間が「物を使っていた」わけですが、「価値」のためにモノを作る資本主義のもとでは立場が逆転し、人間がモノに振り回され、支配されるようになる。この現象をマルクスは「物象《ぶっしょう》化《か》」と呼びます。人間が労働して作った物が「商品」となるや否や、不思議な力で、人間の暮らしや行動を支配するようになるというわけです。

なぜそのような不思議な事態が生じるかというと、人々はお互いが作るものに依存しているにもかかわらず、社会全体としては誰も生産を調整していないからです。みながバラバラに労働しているせいで、自分が作っているものが完全に無駄なものだったり、逆に、みんなが必要としているものなのに全然足りなかったりする。

結局、作った商品を市場に持って行って、それがどのように他者に評価されるかを見ながら、何をどれくらい作るかを後追い的に決めなければなりません。その結果、人間の生産活動は、価値の変動によって振り回されるようになるわけです。

踊り出すテーブル？

物象化の奇妙さについて、マルクスは次のように述べています。

> 例えば、木材からテーブルを作れば、木材の形は変えられる。とはいえ、テーブルは相変わらず木材のままであり、ありふれた感性的な物である。ところが、テーブルが商品として登場するや否や、それは感性的に超感性的な物に転化する。テーブルは、その脚で床に立つだけでなく、ほかのすべての商品に対しては頭で立ち、その木の頭から、テーブルが勝手に踊り始めるのよりもはるかに奇妙な妄想を展開する。（85）

独特のレトリックですが、難しいことを言っているわけではありません。例えば、木製のテーブルを自分で作ったとしましょう。労働によって木材はテーブルという形に姿を変えますが、木材であったときも、テーブルになった今も、見たり、触ったり、匂いを嗅《か》いだりして「感性」的に捉えることができます。木材からテーブルに姿を変えたとしても、自分で使うのであれば、そこで食事をしたり、本を読んだり、花を飾ったりという「使用価値」があるだけの、ありふれたテーブルにすぎません。

しかし、それを「商品」として誰かに売ろうとした途端、テーブルは「感性的に超感性的な」――つまり、人間の感性だけでは捉えられない「価値」を持ったモノに化ける。商品となったテーブルは、市場でほかの商品たちと駆け引きを始めるどころか、有無を言わさず人間をダンスに巻き込んで狂わせていくのです。

資本主義社会で生きる限り、私たちはテーブルの奇妙なダンスに付き合わざるを得ません。テーブルが売れない場合、悪くすれば破産、倒産、失業、ときには自死に追い込まれてしまうこともあるからです。逆に、このテーブルが大ヒットすれば、私は大金持ちになれるかもしれない。

それだから、売れそうな「商品」を、人間はひたすら作り続ける。実際にはすぐゴミになる、大して役に立ちそうもない物も、売れるなら、とにかくたくさん作るのです。

この話は100円ショップに行くとわかりますよね。そこで売られているものの多くは、どうでもいいプラスチック製品です。それが、魅力的な商品名と可愛い包装やデザインによって「踊り始める」。そうやって、使用価値を無視するような粗雑な商品があふれ、ゴミが増えていく。

それと並行して、広告業やマーケティングの仕事ばかりが増えていきます。なぜかといえば、消費者もバカではないので、すぐにゴミを買ってしまったと気がつくわけです。すると、商品の魔法が解けて、飽きてしまう。だから、次から次へと、手を替え品を替え、新しいゴミを魅力的な商品として売り出さなければいけないのです。

私たちの社会がどれほど物象化しているかを象徴的に表す例を、もう一つ挙げましょう。それが、新型コロナウイルス対策として政府が立案した「Ｇｏ Ｔｏ キャンペーン」*です。

当然のことながら、今の社会では、金銭のやりとりを伴う生産や消費を止めることは、場合によってはパンデミック以上の悲惨な状況を生みかねません。けれども、旅行や外食など感染拡大のリスクがある活動をわざわざ積極的に支援することで、経済を「回そう」としたことは、大きな批判を呼びました。命を犠牲にしてでも経済を「回していく」――という勇ましい覚悟の実態は、「回させられている」という方が正しいのではないでしょうか。

＊Ｇｏ Ｔｏ キャンペーン　コロナ下の外出自粛・休業要請に際して特に売上の落ちた産業に対し、その振興のために2020年7月から実施された経済政策。旅行業者から旅行商品を購入した人に対して代金の2分の1相当を補助する「Ｇｏ Ｔｏ トラベル」や、予約サイトを通じて飲食店を予約した人に対してポイントを付与する「Ｇｏ Ｔｏ イート」などを指す。

それだけではありません。コロナ禍のなかで強行され、3兆円ものお金が使われたという贈収賄疑惑まみれの東京オリンピック。大阪では、湾岸部をリゾート開発してカジノを誘致し、万博を開催しようとしています。また、山を切り開き、水源を脅かしながら建設されようとしているリニアも問題視されています。

こうした開発を続けて、私たちの社会は本当に豊かになるのでしょうか？　その恩恵を受けるのはコンサル、ゼネコンやホテル業者ばかりで、地元の人には安い賃労働が少し生まれるくらいでほとんど意味はないのではないでしょうか。市民の関心と資本の関心がここまで乖離したものを、日本の経済成長の青写真として謳いあげ、自然環境を破損するのは馬鹿らしいと私は思います。

人間のために経済を回すのではなく、経済を回すこと自体が自己目的化して、人間は、資本主義経済という自動装置の歯車としてしか生きられなくなっている。これこそが、マルクスが指摘した物象化の問題点なのです。

「民営化」という名の囲い込み

「商品」の領域が広がれば広がるほど物象化の力が強まり、ますます人間はモノに振り回されるようになっていく。この力がさらに強まっているのが、ここ数十年の事態です。

20世紀後半、高度経済成長期が終わりを迎え、資本主義経済の停滞が顕著になると、各国は公共事業の民営化や規制緩和による市場の自由化を進めていきました。いわゆる「新自由主義」政策です。あらゆるものを市場に委ねた方が、競争原理が働いて効率がよくなると考えたのは、イギリスのマーガレット・サッチャー元首相でした。けれども、その後新自由主義が世界中に広まって、物象化の力を強めた結果、予想しなかったような多くの不条理や非効率、独占を生んでいます。

民営化というと、公営・国有の「独裁的」で非効率だった事業が民《たみ》の手で「民主的」に効率よく管理・運営されるようになる、というイメージを持つ人もいるかもしれません。でも、これは言葉のマジックです。原語のprivatizationは、直訳すれば、「私物化」でしょう。privateの語源は、「奪われている」、「分離されている」という意味です。人々が共有して管理していた〈コモン〉が奪われた状態ということですね。民営化の実態は特定企業による権利独占であり、「商品」の領域を広げる現代版の「囲い込み」なのです。

市場はけっして〝民主的〟ではありません。先にも述べたように、市場にアクセスできるのはお金を持っている人だけだからです。民営化が進んだことで、公営・国有だった時代にはアクセスできていた医療や教育のような公共サービスから多くの人が締め出されることになりました。

また、市場では「利益」が優先されるため、儲からない物やサービスは容赦なく削られます。予算も、人員も削られる。本当に無駄なものはもちろん削るべきですが、「使用価値」を無視した効率化は、必要な物やサービスまで削り、あるいは質を低下させて、社会の「富」を貧しくしていく。そんな行き過ぎた効率化で窮地に追い込まれている例の一つが、日本の公立図書館です。

社会の「富」が危ない！

今、全国の公立図書館で非常勤の職員が増えています（表参照）。ほとんどの都道府県で、図書館で働く人の半数以上が非常勤。長野県では、ほぼ８割を非常勤職員が占めています。非常勤職員を増やしているのは、図書館運営の「効率化」と「コスト削減」のためです。図書館が儲けることは不可能です。人件費をカットするしかありません。しわ寄せは労働者にいくわけです。最近でも、手取り９万８０００円で働く地方公立図書館の20代女性非正規職員によるネット上での悲痛な訴えが、ＳＮＳで大きな反響を呼びました。

今、非常勤職員として、低賃金であるにもかかわらず図書館で働き続けている方々は、本が大好きで、その使命感から、割に合わない素晴らしい仕事をしてくれています。だからといって、それに甘えていていいのでしょうか？

こんな状況が続けば、図書館で働きたいという人がだんだん減っていき、サービスの質も低下してしまうでしょう。その結果、貴重な資料が適切に保管されなかったり、利用者の求める資料を照会、検索して情報提供をするレファレンスの精度が保てなかったりするというようなことも起こりかねません。

公立図書館という場やその蔵書は、まさに社会の「富」、大事な〈コモン〉です。知識

表　日本の図書館員・非常勤比率

長　野	79.0%	東　京	66.2%
熊　本	74.3%	静　岡	65.7%
長　崎	74.1%	鳥　取	65.6%
広　島	74.0%	鹿児島	64.2%
群　馬	73.5%	新　潟	63.9%
佐　賀	72.8%	高　知	62.8%
島　根	72.7%	宮　崎	62.6%
山　口	72.7%	和歌山	62.6%
山　梨	70.4%	京　都	60.8%
秋　田	69.8%	三　重	60.1%
大　分	69.2%	宮　城	59.3%
岩　手	69.0%	富　山	59.1%
岡　山	68.7%	神奈川	59.0%
茨　城	68.2%	北海道	57.4%
愛　知	68.1%	大　阪	57.3%
沖　縄	67.9%	奈　良	57.0%
岐　阜	67.8%	石　川	56.5%
兵　庫	67.4%	埼　玉	55.4%
山　形	67.1%	滋　賀	54.9%
福　岡	66.7%	福　井	49.3%
千　葉	66.7%	青　森	48.0%
香　川	66.7%	栃　木	46.9%
徳　島	66.5%	福　島	40.6%
愛　媛	66.3%	**全　国**	**64.2%**

「非常勤職員数／（専任職員数＋非常勤職員数）」で算出。文部科学省『社会教育調査』（2018年度）およびこれをもとにした舞田敏彦作成資料を参照

や文化というものは、誰もがアクセスできてこそ、伝承され、発展していきます。しかし、「商品」ではないので儲けは生みません。「使用価値」より「価値」を優先する資本主義の論理によって図書館運営が〝改革〟されれば、社会の富が痩《や》せ細ってしまうのです。「富」を削って「商品」を増やそうとする動きは、ほかにもあります。例えば、国立競技場の建設に合わせて条例による規制が緩和された神宮外苑の再開発は、大きな社会問題になりました。明治神宮が持っている土地には、樹齢１００年を超える木もあります。その木を１０００本近く伐採して、商業施設を建設しようというのです。

木が生えているだけで貨幣を生まない、ならば切り倒して、そこを買い物や食事やスポーツを楽しめる複合施設にしてしまえばいい――。こうした「再開発」という名の囲い込みは、たしかにお金を生みます。

しかし、東京のようなコンクリートのジャングルに残った希少なオアシスとでも呼ぶべき場所を、わざわざ破壊する必要がどこにあるのでしょうか。今後人口が減っていくのに、タワマンや商業施設はもう要らないでしょう。結果として、地域の憩いの場が、お金持ちのための場所になっていく。結局、価値の論理を突き詰めていくと、社会はむしろ暮らしにくい、貧しい場所になっていく可能性が高いのです。

これこそが「社会の富が商品として現れる」ということの、現実の姿なのです。

コスパ思考の内面化

読者の中には、神宮外苑の話を聞いても、「都市開発は資本主義だから当たり前、そんなことを批判してもしょうがない。だいたい、今までに東京の木を何本切ってきたのか」と思う人もいるに違いありません。ここには価値観の大きな違いがあるように思えます。その理由はどこにあるのでしょうか？

前述したように、商品に頼らずに生きていくことは、現代社会ではもはや不可能です。そして、経済を「回して」いかないと私たちは生きていけない。お金を中心に回るような社会になるなかで、私たちは、とにかく商品経済でうまく生きることこそが「合理的」だと考えるようになっていきます。つまり、商品の価値の論理を、自ら進んで内面化していくのです。

その暁《あかつき》には、富が持つ「使用価値」に立脚する論理や感性は、なにかナイーブで非現実的なものに感じられるようになっていきます。資本主義のもとでは、「価値」を増やすことが生産活動の最優先事項だからです。そして、「使用価値」はないがしろにされ、「価値」を実現するための手段に貶《おとし》められていく。こうした「使用価値と価値の対立」、「富と商品の対立」が、人間にも自然にも破壊的な帰結をもたらすと、マルクスは警告しています。

価値の論理の内面化を示す身近な一例が、「コスパ思考」です。あらゆることのリターンを見積もり、それに合わせて効率化を行っていく態度ですね。

あなたの地位が高く、時給が５０００円だとしましょう。そんなあなたがもし自炊をするのに1時間使ったら、５０００円稼ぐ機会を損失していいるとされます。自炊という金儲けにならない余暇のコストは結構高いわけです。だったら、１０００円払って外食をしたり、ウーバーイーツを頼んで、その分働いた方がいい、となる。外食などが健康に悪いと心配するなら、３０００円で調理代行サービスを頼んでもいいかもしれません。

こうして、家事や育児が外注され、商品化されていきます。そして、それが効率的で望ましいことだと考えて利用する人が増えるから、サービス産業もどんどん増えていきます。

けれども、コスパ思考を突き詰めていくと、お金にならない町内会やお祭り、ＰＴＡ、労働組合などへの参加もすべてコスパの悪いことになっていくでしょう。家族や知人を助けることさえも。そうやってコミュニティは痩せ細り、最終的には崩壊していきます。

もちろん、家事をすべて女性にやらせていたり、町内会で〝長老〟が幅をきかせたりしていた昔の方がよかったなどと言いたいわけではありません。ただ、商品化しなくても、男女が平等に家事や子育てに参加する方法はあるし、コミュニティの力を有効活用する選択肢だってあるはずです。

けれども、そうした選択をする代わりに、私たちの社会はあらゆるものを商品化して、空いた時間をますます金儲けに捧《ささ》げるようになっています。でも別に豊かになりません。

この逆説は、ミヒャエル・エンデが書いた『モモ』の世界を彷彿《ほうふつ》とさせます。「時間銀行」にそそのかされた床屋のフージーは、時間を節約するようになってもまったく暇になりません。

> フージー氏はだんだんとおこりっぽい、おちつきのない人になってきました。というのは、ひとつ、ふにおちないことがあるからです。倹約《けんやく》した時間は、じっさい、手もとにすこしものこりませんでした。魔法のようにあとかたもなく消えてなくなってしまうのです。フージー氏の一日一日は、はじめはそれとわからないほど、けれどしだいにはっきりと、みじかくなってゆきました。（岩波少年文庫版101―102頁、大島かおり訳）

コスパを徹底し、時間を節約しても人生は豊かになりません。むしろ、ますます余暇が減っていき、家族や隣人とのコミュニケーションの余裕もなくなっていく。そして、少しのムダも許容できないイライラした人間ばかりの社会になっていったのです。

よりよい社会への〝近道〟

そのような「個」が支配するアトム化した社会には、必死に働いても生活に十分なお金を手に入れることができず、借金、貧困、過労死、失業の脅威にさらされ続けている人がたくさんいます。彼らの問題は、自己責任の結果であるとして片付けられるでしょうか？というのも、神宮外苑の再開発のように、まさに大勢の人々が富へのアクセスを失うような状況を意図的に作り出すことによって、一部の企業や富裕層はますますお金を貯め込んでいるわけです。この対立と格差を生み出し、拡大し続けているのが、「資本主義的生産様式」――つまり、価値を増やし、資本を増やすことを目的とする商品生産――の特徴です。個人の問題というより社会構造の問題だと指摘するのが、『資本論』なのです。

とはいえ資本主義の問題は、商品と貨幣がやりとりされている市場での流通過程だけを見ていても十分に理解することはできません。商品が生み出される「生産」の次元へと踏み込む必要があります。この点については以下の章で詳しく見ていくことにしましょう。

もちろん、そのような考察によって資本主義の矛盾の原因やメカニズムがわかっても、残念ながらその矛盾がすぐに消えてなくなるわけではありません。矛盾をなくすためには、実際に社会のあり方を大きく変えていく必要があり、それもまた茨《いばら》の道です。けれども、理論は、誤った道に進むことを防ぎ、治療法をより早く見つけられるようにしてくれるでしょう。マルクスは『資本論』の目的について、次のように述べます。

> 本書の最終的な目的は、近代社会の経済的運動法則の暴露である。近代社会は、自然的な発展諸段階を飛び越えることも、法令で取り除くこともできない。だが、近代社会は、生みの苦しみを短縮し、緩和することはできる。（15—16）

マルクスは、資本主義社会に内在する矛盾を明らかにすることで、資本主義とは別の、よりよい社会を生み出す〝近道〟を示そうとしていたのです。

そこで以下では、単なる経済理論としてではなく、格差や長時間労働など、現代社会が抱える問題を解決するヒントを見出すために、私たち自身の身近な現実に照らしつつ、『資本論』を読み進めていきたいと思います。

第2章　なぜ過労死はなくならないのか

終わりのない価値増殖のゲーム

前章では、資本主義と資本主義以外の社会の違いを、「商品」を軸に考察しました。資本主義以外の社会でも、一部では「商品」交換が行われていましたが、多くのものは商品ではなく、暮らしに役立つ「使用価値」ベースで物が作られていたのです。

ところが、資本主義のもとでは、あらゆる富が――水や森、公園や図書館といった共有財産さえも――商品化されて、お金がないとアクセスできなくなります。だから、必死にお金を獲得しないといけなくなる。

そして、市場社会ではお金を持っている人の方が優位に立つことができます。だから、商品の「使用価値」ではなく「価値」こそが生産の目的となり、必要かどうかではなく、売れそうかどうかでモノを作るようになってしまうのです。

こうして資本主義のもとでは、際限のない価値の増大を目指して、市場での競争が日々繰り広げられます。終わりのない価値増殖のゲーム、それが資本主義です。でも、それでみんなが幸せになるでしょうか。いいえ、以下で詳しく見るように、資本主義の犠牲となるのは、労働者と自然環境です。

ただし、この問題をきちんと考えるためには、「商品」や「貨幣」の分析だけでは足りません。そう、「資本」の分析が必要になります。

資本とは〝運動〟である

そもそも、「資本」とは何でしょうか。おそらく多くの人は、ある程度まとまった額のお金や、金銭的価値のある物（機械や建物、金融資産）をイメージすると思います。

しかしマルクスは、まったく別の見方をしていました。資本は「お金」ではなく、工場や機械や商品のような「物」でもない。マルクスは資本を〝運動〟と定義しているのです。

どんな運動かというと、絶えず価値を増やしながら自己増殖していく運動です。この運動を「G－W－G′（ゲー・ヴェー・ゲー）」という式で表し、マルクスはこれを「資本の一般的定式」と呼びました。「G」はドイツ語で貨幣を意味する「ゲルト（Geld）」、「W」は商品を意味する「ヴァーレ（Ware）」の頭文字です。

「使用価値」のために生産が行われる社会では、靴屋は靴を作って販売し、そこで得たお金で、例えばパンを買う。パンを食べきったら、あとには何も残りません。この運動を定式化するなら「W－G－W」、つまり「モノ－お金－モノ」ということになります。

これに対し、資本主義社会では、元手となるお金で靴を作って販売し、手にしたお金でまた靴を作る。それが売れたら、さらに売れそうな靴作りに、手元のお金を投じる。「G′」

とは最初の「G（お金）」に儲けが上乗せされた状態を表します。
「G－W－G′」の運動をひたすら続け、元金をどんどん大きくしていくわけです。儲けが出るのであれば、作るのは靴でもカバンでも何でもいい。使用価値はあくまでも副次的なものに貶められていきます。

要するに、資本とは金儲けの運動であり、この金儲けを延々と続けることが第一目標になっている社会が、資本主義なのです。

資本家が金儲けをやめられない理由

繰り返しますが、金儲けの主軸となるのは、商品の「使用価値」ではなく、「価値」です。しかも、G－W－G′の運動によって資本が大きくなっていくとともに、価値はその力を増していき、ついには自立した「主体」になって、ますます人間を振り回すようになっていきます。

> 流通G－W－Gにおいては、商品と貨幣のどちらも、ただ価値そのものの異なる実存様式として〔中略〕機能するにすぎない。価値は、この運動のなかで失われることなく、絶えず一つの形態から別の形態へ移っていき、このようにして一つの自動的な主

体に転化する。〔中略〕価値はここでは過程の主体になるのであって、この過程のなかで貨幣と商品とに絶えず形態を変換しながらその大きさそのものを変えていき、原価値としての自分自身から剰余価値としての自己を突き出して、自己自身を増殖するのである。（168—169）

お金や商品は資本の、いわば仮初《かりそ》めの姿です。次々と姿を変えながらも、自己を貫徹して増大していくのは、「価値」であり、価値が主体となって、その運動が「自動化」されていくとマルクスは指摘しています。

例えば、靴作りで成功して２０００万円を手にした資本家は、これを「３０００万円にしたい」、それがうまくいって３０００万円になったら「４０００万円にしよう」と考えます。４０００万円になっても、さらにはたとえ一生かかっても使い切れないほど儲けたとしても「もっと！」と思ってしまう。「それだから、資本の運動には限度がない」（167）とマルクスは言うのです。

なぜそうなるかについてマルクスは、資本家という人種が金の亡者《もうじゃ》だからというより、それが資本主義に絡めとられた人間の〝宿命〟だからなのだと言います。資本家が自らの強欲を省み、改心して、儲けたお金で従業員の賃金を上げればいい——というような道徳的問題ではないのです。

市場では常に過酷な競争が行われています。だから、資本家は寝る暇も惜しんで、1円の儲けにこだわり、絶えず商品を改良し、新商品を開発しようとします。そうしなければ他社とのシェア争いに敗れて淘汰《とうた》され、従業員の賃金を払うどころではなくなるかもしれない。事業を継続していくには、効率化やコストカットを日々推し進め、競争力をつけて、儲け続けなければなりません。

つまり、資本家も、自動化された資本の価値増殖運動の歯車でしかない、ということです。資本家は、資本家であり続けようとするなら、資本の自動運動に従うしかありません。そして、労働者は、そんな資本家に従うことを強《し》いられるのです。

自動化された資本の運動が社会全体を覆うようになると、人間も自然も、その運動に従属させられて、資本によって利用されるだけの存在に格下げされてしまう。際限なく価値を増殖して資本を蓄積していく運動に呑み込まれ、すべてはその歯車になっていくのです。こうして、「人間と自然の物質代謝」（本書第1章参照）は大きく攪乱《かくらん》されていくことになります。

そこでまず本章では、人間の側にどのような変化が起きるかを見ていきましょう。

「生産という秘められた場所」

労働者の置かれた立場の不合理や、資本が引き起こす深刻な労働問題に踏み込む前に、そもそもいかにして資本家が価値を増やし、資本を蓄積しているか、その仕組みを簡単に理解しておく必要があります。

前述の一般的定式「G－W－G′」が示唆する通り、手元の資金を懐《ふところ》に貯め込んでいても価値は増えません。守銭奴《しゅせんど》は、資本主義では不合理な態度なのです。

資本家であろうとするなら、リスクをとってお金を投資し、「売れそう」なモノを生産し続けなければいけない。それが資本を増やす唯一の方法だからです。今では株やFXなどの方法もありますが、究極的には、価値は「生産という秘められた場所」（189）でしか増えない、とマルクスは言っています。

どういうことなのか、わかりやすく単純化して説明しましょう。

例えば、ある労働者が日給1万円で8時間働くとします。資本家は、彼に1日働いてもらって1万円を渡します。その日1日の労働で生み出された商品の価値が1万6000円になったとしたら、労働者の日給を差し引いた6000円が資本家の儲けとなります。これをマルクスは「剰余価値」と呼びます（図参照）。そして、この剰余価値によって資本は増えるのです。

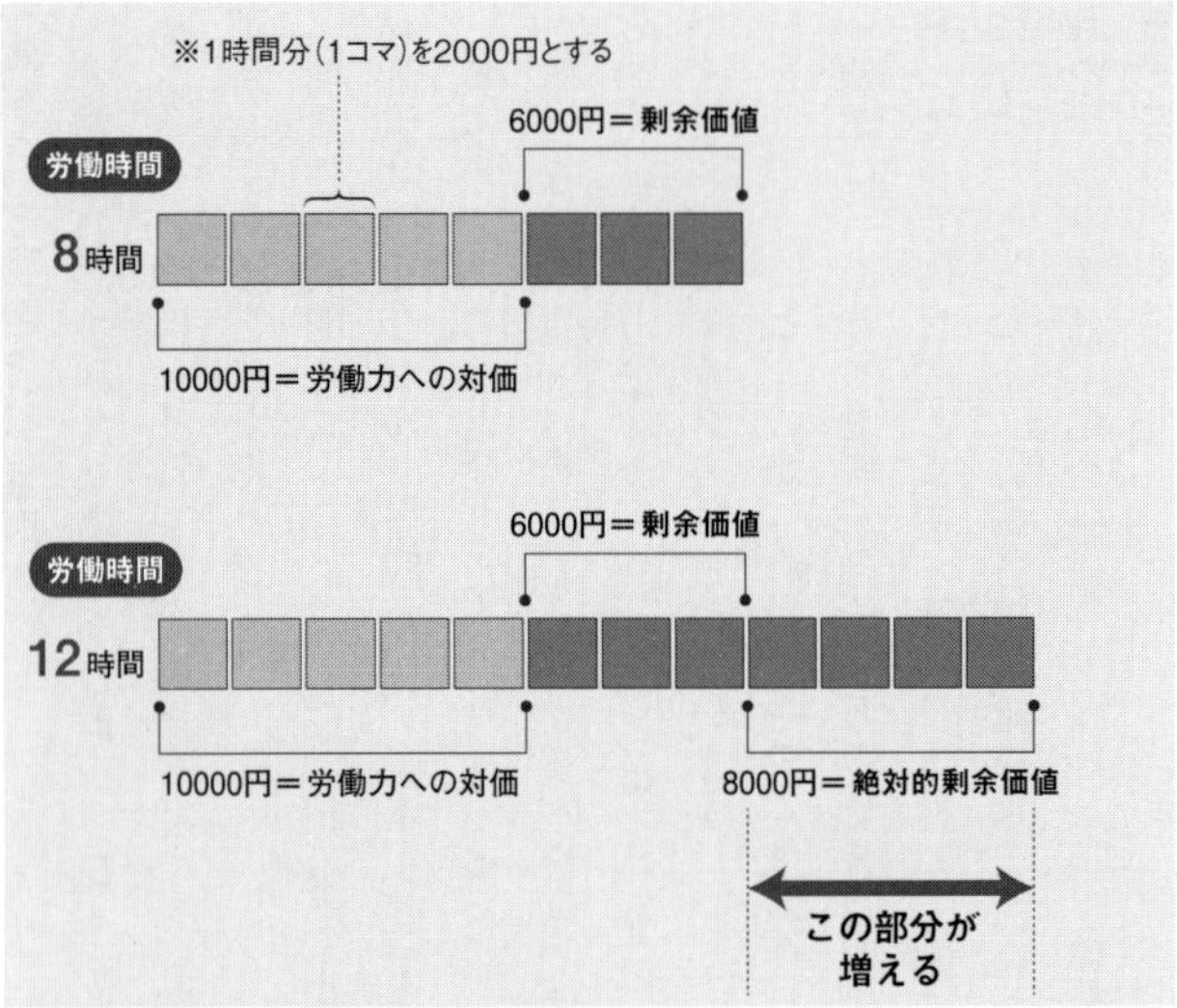

- 労働者が売るのは労働力という商品
- 仮に日給1万円の労働で生み出された商品の価値が1万6000円になったとする。この6000円分を「剰余価値」という
- 資本家はできるだけ多くの剰余価値を獲得したい
- 一番簡単な方法＝できるだけ長く働かせる
- 労働時間の延長、労働日増加による剰余価値の生産を「絶対的剰余価値」の生産という

図　剰余価値と絶対的剰余価値

筆者資料をもとに編集部で作成

「６０００円は儲けすぎだ！　４０００円にしておけ」という問題ではありません。ここで重要なのは、労働者が、自分の「労働力」を売った対価として受け取る賃金よりも大きな価値を、自らの労働によって生み出している、という事実です。そうでなければ、彼の労働力は、資本家にとって「買うに値しない」からです。

　右のケースを資本の一般的定式に当てはめると、資本家は１万円（Ｇ）で「１日分の労働力」という商品を買って、靴（Ｗ）を作り、それを売ることで１万６０００円（Ｇ'）を手にするのです。

　このうちの１万円で翌日も働いてもらい、また１万６０００円を手にすれば、最初に１万円だった「Ｇ」は、２日分の剰余価値１万２０００円がプラスされて、２万２０００円になります。そうすると、今度は２人の労働者を雇うこともできるでしょう。そうすれば、１日に生み出される剰余価値も２倍になります。この価値が価値を生むという運動を果てしなく繰り返すことで、資本はどんどん増殖していくのです。

　価値は、それが価値であるがゆえに価値を生む、という神秘的な性質を受け取った。それは生きた子を生むか、または少なくとも金の卵を生むのである。（169）

人間の労働を介した価値が価値を生む自己増殖の過程は、誰にも止められません。そして、人間にはコントロールできない価値の「神秘的な性質」が、労働者を追い詰めていくのです。

「労働力」と「労働」の違い

労働者が生み出したにもかかわらず、6000円分の剰余価値は資本家のものです。そんな理不尽が資本主義のもとでは正当化されてしまう。これが有名な「搾取」という問題です。搾取が生じる理由を、マルクスは「労働力」と「労働」の違いから説明しています。

「労働力」とは、労働する能力です。労働者と資本家の間で等価で売買されているのは、この「労働力」。「あなたのもとで働きます」という権利を売るわけです。そして、1万円という日給は、この労働力という商品の日価値（1日分の価値）に見合う対価です。

しかし、労働者が自分の労働力を「日給1万円で売る」と決めた時点、あるいは資本家がそれを買うと決めた時点では、まだ「労働」は行われていません。資本家が、労働者から買った「労働力」という商品を実際に使って（つまり、労働者を働かせて）初めて「労働」が発生する。1万6000円という新しい価値を生み出しているのは、この「労働」です。
その際、日給1万円分の労働力は、すでに資本家のものになっているので、それをどう使うかは資本家の自由。極論すると、使わずに1万円を無駄にしてもいいし、8時間労働させて1万6000円の価値を手にしてもいい。つまり、一度労働力を売ってしまえば、その間、裁量権を持っているのも、労働が生み出した剰余価値を受け取るのも資本家であって、労働者ではないのです。

ここで重要なのは、資本家は「労働」という商品を労働者から買っているのではなく、「労働力」という商品に対する対価として、賃金を支払っているということです。つまり、労働者をだまして安く買い叩いているわけではありません。市場でのやりとりだけを見れば、商品の等価交換の原則は、労働力商品と賃金の交換においてもきちんと守られています。その結果、剰余価値の「搾取」が行われているという事実は見えにくくなってしまいます。

とはいえ、この搾取の存在を暴露することが『資本論』の目的ではありません。この点はしばしば誤解されているので重要です。私たちがむしろ問うべきは、搾取の存在が暴露されたにもかかわらず、なぜ労働者たちはおとなしく働き続けているのか、という問題です。

暫定的な単純な答えとしては、労働者には自らの労働力を売り続けることしか、生きていくのに必要な貨幣を手に入れる方法がないからです。要するに、労働者が持っている商品は自らの「労働力」しかないから、それを売ることを強制される。生産手段も生活手段も持たない無所有の存在、それが労働者なのです。

しかし、この労働力を販売した対価としてもらえる賃金は、生きていくのにやっと足りるだけの額。だから今日も私たちは、仕事帰りにスーパーでハイボールの缶を片手に割引シールが貼られたお惣菜を探しながら、毎日毎日必死に働き続けるのです。

長時間労働が蔓延するカラクリ

先ほどから例に挙げている労働者は、1時間の労働で2000円の価値を生み出しています。この人を日給1万円で雇い、その労働力を5時間しか使わなければ、労働によって生み出される価値は1万円で、資本家の儲けはゼロです。

しかし、5時間を超えた分の労働はすべて剰余価値として資本家のものになります。したがって、8時間働いてもらえば1万6000円の価値が生まれ、6000円の剰余価値を手にできる。——でも、もし「もっと価値を増やしたい」と思ったら、みなさんならどうしますか？

一番手っ取り早い方法は、給料を増やさずに1日の労働時間を増やすことですよね。例えば10時間働かせると、剰余価値はさらに2時間分４０００円上乗せされ、12時間働かせれば、剰余価値を８０００円も増やせます（64頁の図参照）。

労働者に支払う日給は1万円のままですから、資本家にとっては同じコストで儲けを８０００円も増やせるということです。労働時間を延ばすことで資本家が労せず手にした追加の剰余価値を、マルクスは「絶対的剰余価値」と呼び、労働時間の延長が絶対的剰余価値を生産すると指摘しています。

資本家はできるだけ金儲けをしたい。そのためにできるだけ多くの剰余価値を獲得したい。しかも、こんなに簡単に価値を増やせるとなれば、傾向として労働時間が長くなっていくのは必至。これが、日本でも昔から蔓延《まんえん》している長時間労働、サービス残業の原因なのです。

> 自然日の限界を越えて夜間にまで労働日を延長することは〔中略〕労働の生き血を求める吸血鬼の渇きをどうにか鎮《しず》めるだけである。それゆえ、1日の24時間全部の労働をわがものにするということが、資本主義的生産の内在的衝動である。（271）

サービス残業以外にも、「名ばかり管理職」という形で、残業代なしで長時間労働をさせたり、固定残業代として含めていると主張して残業代を払わないなど、絶対的剰余価値の生産は現代日本でも広く見られるものです。

とはいえ、1労働日（1日の労働時間数）がどんどん延長されていくと、当然、労働者の生活には様々な問題が生じてきます。自由な時間がなくなれば、疲れが取れない、家族との時間はなくなる、趣味を楽しむ余裕もない。働き過ぎて、体調を壊し、最悪の場合には過労死なんてことも……。

労働力も「富」

労働力は、人間が持っている能力で、本来は社会の「富」の一つです。労働力という富を使って、本当なら生活をもっと豊かにしたり、夢を実現したり、社会のために役立てたり、働く人に幸福感や充実感をもたらしてくれるような活かし方ができるはずです。

ところが資本主義は、この労働力という「富」を「商品」に閉じ込めてしまう。資本家にとって、自分で購入した労働力商品を使うにあたり、労働者の生活の質や夢、やりがいに配慮することは関心事ではありません。彼らが執心しているのは、労働が生み出す価値の量。それを最大化するために労働を支配していくのです。

こうして、生きるために働いていたはずが、働くために生きているかのように本末が転倒していきます。労働力という富が商品に閉じ込められてしまうことで、多くの労働者にとっては、人間が持つ能力の発展が阻害され、使い潰されてしまうのです。

「労働の生き血を求める吸血鬼」の餌食になるのは大人ばかりではありません。『資本論』第1巻第8章「労働日」では、賃労働に駆り出されて学校に通えず、読み書きができない子どもや、大人と一緒に働くなかでタバコや酒を覚えて中毒になる子ども、早死にしてしまう若年労働者たちの、悲惨な実態が仔細《しさい》に綴られています。

『資本論』の読破は難行だと言いましたが、この「労働日」章はジャーナリスティックな読み物になっています。そして、マルクスがこの章にかなりのスペースを割いているのは、やはり労働者の置かれている状況にひどく心を痛めていたからでしょう。難解ではないという理由から、この章を重視しない解説書や研究書が多いですが、むしろ、マルクスの問題関心にとっては極めて本質的な章なのです。

繰り返される「過労死」という悲劇

労働力をとことん使い倒そうとする資本主義的生産は、労働者の心身を蝕《むしば》み、その能力や暮らしを破壊し、ときには命さえも奪います。

マルクスは『資本論』で、1863年6月、ロンドンで発行されているすべての日刊紙が一斉に報じたという事件に言及しています。

> それは、ある非常に名高い宮廷用婦人服製造所に雇われ、エリズという優しい名の婦人に搾取されていた20歳の女工メアリー・アン・ウォークリーの死亡に関するものだった。〔中略〕女工たちは1日平均16時間半、だが社交シーズンともなれば30時間休みなく働いた。彼女たちの「労働力」が萎《な》えてくると、シェリー酒やポートワイン、コーヒーが与えられ、労働を続けさせられたという。そして、悲劇は社交季節のピークに起きた。〔中略〕メアリー・アン・ウォークリーは、ほかの60人の女工たちとともに、必要な空気の3分の1も与えないような一室に30人ずつ入って、26時間半休みなく働き、夜は1つの寝室を幾つかの板で仕切った息詰まる部屋で、1つのベッドに2人ずつ寝かされた。しかも、これは、ロンドンでも良い方の婦人服製造工場の一つだったのである。（269―270）

記事のタイトルは「純然たる働きすぎによる死」。つまり過労死です。ここでの問題は、メアリー・アンの悲劇が、『資本論』刊行から150年経った今も日本で繰り返されてい

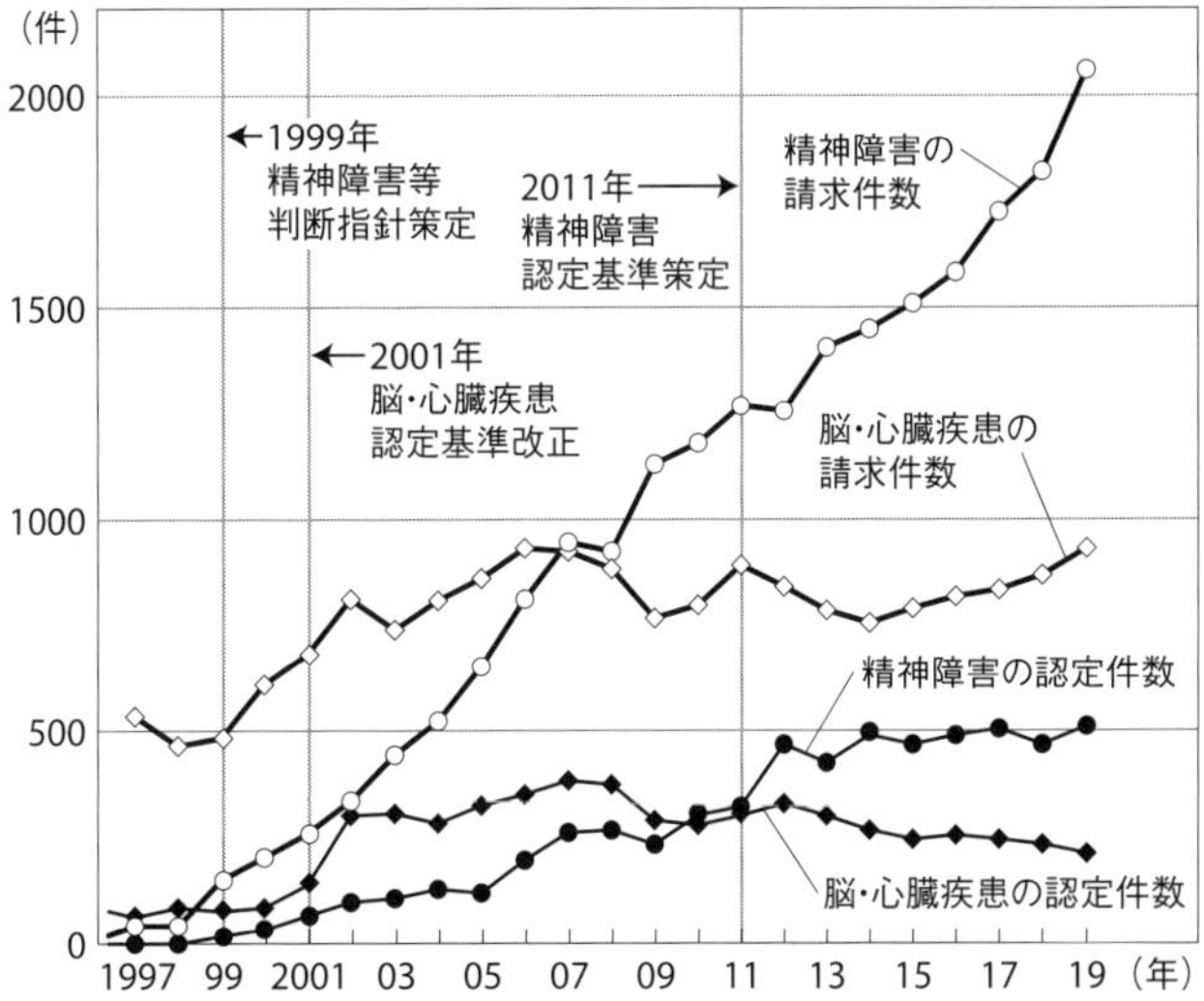

図　脳・心臓疾患および精神障害の労災補償状況

出典:全国労働安全衛生センター連絡会議「安全センター情報」2020年10月号

るということです。残念ながら、「昔の社会はこんなひどいことがあったんだ」という解説を付け加える必要がまったくありません。

例えば、２００８年に居酒屋チェーン「和民《わたみ》」で起きた過労死事件。入社からわずか2カ月で自殺で亡くなった女性は、2カ月の間に２２７時間もの時間外労働を強要されていました。所定労働時間は8時間、週休2日制と説明されて入社したものの、現場では「店の営業時間が勤務時間」と言われ、長時間労働に加えて休みの日もボランティア活動や経営理念の暗記テスト、レポート書きをさせられていました。

2015年にも、大手広告代理店の電通《でんつう》で入社1年目の東大卒の女性が過労自殺で亡くなった事件がありました。職場では長時間労働が常態化し、被災者の女性は1日の睡眠時間が2時間、1週間で10時間しか寝られないこともあったといいます。

彼女たちのケースが特殊というわけではありません。労災の申請および認定件数を見ると、2010年代に入って以降、鬱《うつ》など精神疾患が、脳・心臓疾患を超えて増え続けています（前頁図参照）。たしかに、人々が積極的に受診をするようになっているという側面もあるでしょう。しかし、それにもかかわらず抜本的な対策が取られていないという事実は変わりません。

マルクスが生きた時代より、労働者の権利に対する認識や労働環境は改善されているはずなのに、労働者に長時間労働を強いる圧力が弱まることはなく、今なお労働力という「富」の破壊が続いているのです。

「自由」が労働者を追い詰める

搾取どころか、自死に追い込まれるほど過酷な長時間労働に、なぜ労働者は抗《あらが》えないのでしょうか。無断欠勤したり、辞めたりすればいいのでは？　そんなふうに感じる方もいるかもしれません。

この点についてもマルクスは分析をしています。それによると、逃げ出せない理由の一つは、労働者が「自由」だからだというのです。「自由だから逃げ出せない」とは、一体どういうことでしょうか。

資本主義社会において、労働者は二重の意味で「自由」だとマルクスは言います。一つは、奴隷のように鎖につながれて強制労働させられているわけではないという意味での「自由」です。士農工商やカーストのような身分制もない社会では、好きな場所で、好きな仕事に就《つ》くことができるのです。

しかし、奴隷や身分制のような不自由から解放された私たちは、同時に生産手段からも「自由（フリー）」になってしまいました。「生産手段フリー」とは、生きていくために必要なものを生産する手立てを持たないということを指します。ここでいう「フリー」という言葉は「束縛されていない」という意味ではなく、何かが「ない」という意味、例えばカフェインフリーやアルコールフリーなどの意味と同じように使われています。この状態は、前章で見た〈コモン〉が「囲い込み」によって解体された帰結です。

生産手段から切り離されてしまうと、大半の人々はもう自給自足できず商品を買うしかありません。だから、生きていくには、どうにかしてお金を手に入れなければならない。

そのためには何かを売る必要がある。けれども普通の人たちが生活のために売ることができるのは、自分自身の労働力しかないのです。

資本主義社会の労働者は、奴隷と違って、自分の労働力を「自由」に売ることができます。つまり、労働者と資本家の関係は、労働契約を結ぶまでは基本的に自由・平等で、好きな会社と契約を結ぶことができるわけです。けれども、自由になるのはそこまで。一度、労働力を売ってしまえば、あとはもう奴隷とあまり変わりません。

どういうことなのか。マルクス経済学者の内田義彦《よしひこ》は次のように説いています。

> 労働者は労働力に対する処分権はもつが、労働に対する処分権など全然もっていない。うそだと思ったら職場で労働を自分の自由に処分してごらんなさい。処分されるのはあなた御自身でしょう。〔中略〕労働力に対する処分能力を一〇〇％持つということは労働の処分能力を一〇〇％失うということと裏表の関係にあります。（『資本論の世界』78頁）

「労働力に対する処分権」とは、自分の労働力を誰に売るかの選択権です。これは常に労働者の手元にあります。しかし誰かに売った途端、労働者は「労働の処分能力」――つまり働き方の自由を、１００％失う。契約を結ぶと、その瞬間から労働者は資本家の指示・命令のもとで働かなければなりません。それを無視して好き勝手に働けばクビになるだけですよね。

どのように働くかを決めるのも、その労働が生み出す価値を手にするのも資本家。労働の現場には、自由で平等な関係など存在しないのです。だから、労働問題研究の大家である熊沢誠は、「民主主義は工場の門前で立ちすくむ」と喝破《かっぱ》したのです。

そのことがわかっていても、あらゆるものが商品化された社会では、生きていくために労働者は自らの自由を「自発的に」手放さないといけない。そこに実質的な選択肢はありません。だから、マルクスは現代の労働者の置かれた状況を奴隷制に喩《たと》え、「賃金奴隷」とも呼んだのです。

でも、私たちは自分が「奴隷」だなんて認めたくないですよね。自分は自由な存在だと思いたい（だから市場で好きなモノが買えることが資本主義の素晴らしさとして謳われるわけです）。この気持ちを利用して、資本主義は私たちをギリギリのところまで働かせ続けるのです。

そこまでして、なぜ頑張るのか

もちろん、労働者には、仕事を辞めて劣悪な労働環境から抜け出す「自由」もあります。なのに、なぜ現代のメアリー・アンたちは辞められなかったのか。生活がかかっているし、労働者間にも競争があるので、職場で生き残るために頑張るという面もあるでしょう。でもそれ以上に、マルクスは、ここにも資本主義の魔力があると説いています。

資本主義以前の奴隷は、本人のあずかり知らぬところで売買され、人権も人格も否定されて、家畜のように働かされます。それでも逃げないのは、逃げたら逃げたで酷《むご》い仕打ちを受けるからです。彼らは恐怖心から嫌々労働していました。

しかし奴隷は、最低限の生存保障はされていました。家畜をむやみに殺したりはしないのと同じで、奴隷所有者は奴隷をモノとしてそれなりに大切に扱ったのです。

ところが資本主義社会では、誰も生存保障をしてくれません。資本主義は、共同体という「富」を解体し、人々を旧来の封建的な主従関係や共同体のしがらみから解放しました。共同体から「自由」になるということは、そこにあった相互扶助、助け合いの関係性からも〝フリー〟になる——つまり、切り離されてしまうということです。

だから、今は何とか生活できていても、体を壊したり、失業したりすれば生活が立ちゆかなくなって、ホームレスになってしまうかもしれない。そんなリスクに常にさらされている労働者はみな「潜在的貧民」だとマルクスは言います。リーマンショック後の派遣村の活動で有名になった湯浅誠が、日本はセーフティーネットが脆弱《ぜいじゃく》で、一度仕事を失うと一気に生活保護まで落ちてしまう「すべり台社会」だと名付けたことを思い出していただくといいかもしれません。

資本主義社会の労働者は、そんな不安定な環境のなかで自分の労働力という商品だけを頼みに、それをどこに売るかも自分で決めて、必死に生きていかなくてはなりません。ここに「自己責任」という落とし穴があります。

> 奴隷は、ただ外的な恐怖に駆られて労働するだけで、彼の生活（彼に属してはいないが保障されてはいる）のために労働するのではない。それに対して、自由な労働者は、自らの必要に駆られて労働する。自由な自己決定、すなわち自由の意識や、それと結びついている責任の感情は、自由な労働者を奴隷よりも遥かに優れた労働者にする。
> （マルクス「直接的生産過程の諸結果*」）

＊「直接的生産過程の諸結果」　予定稿の一つだったが『資本論』には収められなかった。

労働者を突き動かしているのは、「仕事を失ったら生活できなくなる」という恐怖よりも、「自分で選んで、自発的に働いているのだ」という自負なのです。だからこそ、「職務をまっとうしなくては」という責任感が生じてきます。実際、就職活動の面接で「なんでも死ぬ気でやります！」と自分の自由を進んで手放した経験のある人は多いのではないでしょうか。最低限の生活を保障されながら嫌々働かされている奴隷との違いは、明らかでしょう。

　自己責任の感情をもって仕事に取り組む労働者は、無理やり働かされている奴隷よりもよく働くし、いい仕事をします。そして、ミスをしたら自分を責める。理不尽な命令さえも受け入れて、自分を追い詰めてしまうのです。これは資本家にとって、願ってもないことでしょう。〝資本家にとって都合のいい〟メンタリティを、労働者が自ら内面化することで、資本の論理に取り込まれていく。政治学者の白井聡《さとし》は、これを「魂の包摂《ほうせつ》」と呼んでいます。

　本来、際限のない価値増殖を追求する資本家の利害・関心と、人間らしい生活を望む労働者の利害・関心は相容《あいい》れないものです。ところが、自由で自発的な労働者は、資本家が望む労働者像を、あたかも自分が目指すべき姿、人間として優れた姿だと思い込むようになっていく。高度成長期の「モーレツ社員」や、バブル期に流行《はや》った栄養ドリンクのキャッチフレーズ「24時間戦えますか」などは、その好例でしょう。

資本主義社会では、労働者の自発的な責任感や向上心、主体性といったものが、資本の論理に「包摂」されていくことをマルクスは警告していたのです。

賃上げより「労働日」の短縮

資本の論理に包摂された労働者は、寝る間を惜しみ、自分の健康や家庭を犠牲にしてまで働くようになる。技術革新によって飛躍的に生産力が高まり、豊かになったにもかかわらず、現代の労働者はマルクスの時代以上に働いています。

しかし、これほど働いているのに、バブル景気が弾けて以降、日本は長期の経済停滞から抜け出せずにいます。研究投資が削られ、イノベーションによって付加価値を生み出すことも難しくなっている。

背景にあるのが、市場の飽和です。かつてのように白物《しろもの》家電やテレビ、自動車などを各家庭がこぞって買うような時代は過ぎ去りました。もう基本的には買い替え需要しかないわけです。その代わりとなるような新市場の開拓も、グローバル競争のもとでは難しい。

そんななか、企業が収益をあげるために採り得る手っ取り早い方策は、さらに労働時間を長くすること、もしくは従業員の賃金をカットすることです。次頁の図では、売上高は

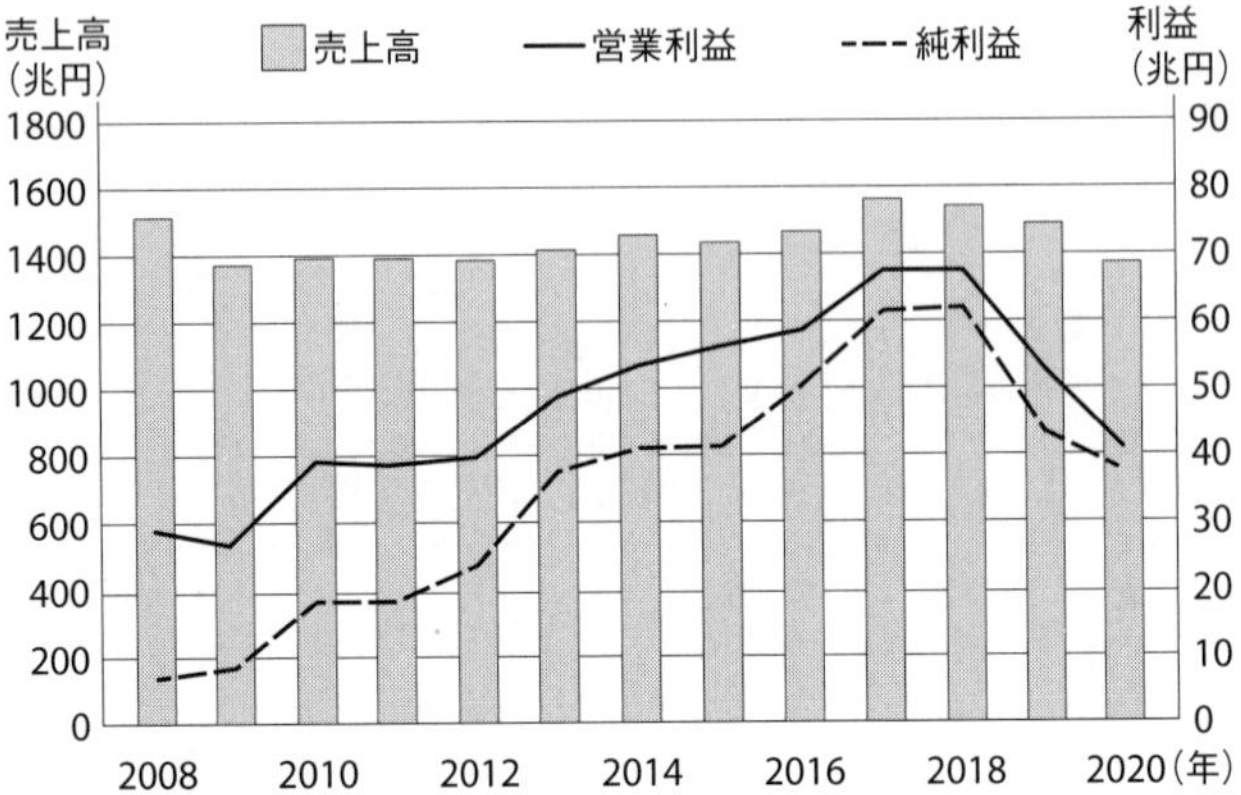

図　「法人企業統計」に見る売上高と利益の推移（全産業）
出典:財務省財務総合政策研究所「法人企業統計」

ほとんど変わっていないのに利益だけが増えていることが示されています。この十数年間、企業は総体として、賃金カットなどのコストダウンばかりしてきたと言っても過言ではないでしょう。

　これまで1万円だった日給を8000円にすれば、労働時間が8時間のままでも、剰余価値を生み出す「剰余労働時間」は4時間に増えます（64頁の図の1コマ分が増える）。簡単に言うと、削られた日給が、まるまる資本家の儲けに組み込まれるわけです。

　例えば、残業代を払わない、ボーナスを出さない、定年を早めて安く継続雇用するというのも実質的な賃金カットです。より深刻なのは、企業が正社員を減らし、代わりに非正規雇用や派遣社員を増やしていることです。

その限りで、不当に下げられた賃金を上げていくことは重要です。実際、労働運動や労使交渉でも「賃上げ」が最大の争点になってきました。

けれども、興味深いことにマルクスは、賃上げ以上に「労働日の制限（短縮）」が重要だと指摘しています。当時は今よりもずっと賃金が低かったにもかかわらずです。

> 労働日の制限は、それなしには一切の解放の試みが失敗に終わらざるをえない先決条件であると、我々は宣言する。（319）

賃上げされたとしても、長時間労働が解消されなければ意味がない、ということです。

資本家が賃上げ要求を呑めば、たしかに搾取は緩和されるでしょう。けれども、資本の論理に包摂された資本主義社会の労働者は、「では、我々は頑張って働きます！」と言い始めることになる。これは、むしろ企業にとって都合のいい展開なのです。賃金を少しばかり上げて、その代わりに長時間労働もいとわず〝自発的に〟頑張ってくれるならば、剰余価値——つまり資本家の儲け——は、かえって増えるかもしれないからです。

資本家の狙いは、労働力という「富」を「商品」として閉じ込めておくこと。「商品」に閉じ込めておくというのは、自由な時間を奪うということです。賃上げによる長時間労働は賃金奴隷の制度を守ることになるのです。

実際、多少賃金が上がったとしても、時間を奪われた労働者には、子どもと遊んだり趣味を楽しんだりする暇はありません。働き疲れて、本を読んだり、人生や社会問題について考えたりする余力も残っていない。

忙しくて自炊する時間がなくなれば、外食という「商品」が売れます。洗濯しても干す時間がもったいないとなれば、洗濯乾燥機が売れる。自動掃除機もそうです。最近は家事代行も流行っています。

しかし、こうした便利なサービスが私たちを暇にしてくれるわけではありません。その支払いをするために、ますます労働時間が増えるだけでしょう。こうして、労働日を〝無制限〟にすれば、どんどん「商品」の領域が広がって、資本家のビジネスチャンスが広がっていくのです。

資本家から「富」を取り戻す

マルクスが労働日の短縮を重視したのは、それが「富」を取り戻すことに直結するからです。日々の豊かな暮らしという「富」を守るには、自分たちの労働力を「商品」にしない、あるいは自分が持っている労働力のうち「商品」として売る領域を制限していかなければいけない。そのために一番手っ取り早く、かつ効果的なのが、賃上げではなく「労働日の制限」だというわけです（もちろん、労働日を短縮して給料が下がったら意味がないので、時給でみれば、賃上げを伴うわけですが）。

労働者は、自らの生活を守り、知識やスキルを身につけて夢を実現させるためにも、自分の労働力や人生の時間という「富」が「商品」として消耗されないよう制限していきたい。しかし、労働力を「商品」に閉じ込めたい資本家を相手に、一人で戦いを挑んでも勝ち目はありません。労働者が団結して――第5章で詳しく見ますが、マルクスは「アソシエーション」という言葉を使っています――交渉を展開するには、仲間と集まったり、話し合ったり、勉強をしたりする時間がたくさん必要でしょう。そのためにも労働日の短縮は不可欠なのです。

相反する2つの動き

今、世界では、労働日をめぐって相反する2つの動きが出ています。一つは、これまで以上に労働時間が延長される傾向です。

マルクスの時代と違って、労働の場は〝職場〟の外にどんどん広がっています。パソコンとネット環境があればどこでも仕事ができる。コロナ禍でテレワークが増え、リモート会議が行われ、リゾート地でのワーケーション*も可能になりました。

しかし、こうした働き方のせいで仕事とプライベートな時間の境界が曖昧《あいまい》になり、実質的に労働時間が延長されているという現実もあります。電話がかかってくれば家族と食事中でも仕事の話ができてしまう。夜中に目が覚めれば、枕元のスマホで海外からの業務メールにすぐ返信することもできます。在宅勤務になると、通勤時間がなくなるので電車の始発や終電時間に関係なく、本当に24時間働けてしまうのです。

それだけではありません。私たちがグーグルやフェイスブックを使うと、そのデータは彼らに価値をもたらす「商品」となります。彼らは集めたデータを企業に売ったり、広告を出稿してもらったりして儲けているのです。

私たちは、プライベートな時間に、プライベートな楽しみとしてフェイスブックを使っていると思っていますが、フェイスブックに写真をアップしたりグーグルで検索したりすることで、彼らが必要としている「データ」という商品をＧＡＦＡのために生産し、せっせと働いているともいえます。しかも、タダで！

ＳＮＳやゲームの中毒性のせいでスマホを手放せなくなっている現代人は、寝ているとき以外はずっと働き、消費し続けていることになります。今後、車の運転が自動化されれば、さらにスマホを触る時間が増えて、ＩＴ界の巨人たちはますます資産を蓄積していく。便利な世の中になったと喜んでいたら、実は、私たちの生活全体が資本によって包摂されていた――これが、「デジタル・プロレタリアート」、現代のスマホ中毒者の成れの果てというわけです。

労働時間の短縮に向けて

その一方で、世界には労働時間を短縮しようという動きも出てきています。その一例が、フィンランド首相のサンナ・マリンが打ち出した大胆な労働時短目標です。２０１９年に史上最年少で首相に就任したマリンは、以前から「週休３日、１日６時間勤務」を掲げていましたが、労働時間短縮についてはあらためて、自身の任期中の目標とすることを表明しています。

アイスランドでは週休３日制の社会実験が行われ、労働生産性は下がらなかったというデータも得られています。イギリスでも週休３日制の実験が始まっています。またベルギーでは、残りの日に長く働くことを条件に、労働者は週休３日を選べるようになってい

＊ワーケーション(workation)　work（仕事）とvacation（休暇）を組み合わせた造語で、休暇中に旅行先などでテレワークを行うこと。

ます。このような動きはテレワークなどの拡大とともにますます広がっていくでしょう。

それは別に驚くべきことではありません。８時間労働はすでにマルクスの時代に部分的に実現されていました。それから１５０年ほど経ち、これほど生産力が向上したにもかかわらず、当時と同じかそれ以上の時間働いていることの方が不思議ではないでしょうか。

極端なことを言えば、なぜ週20時間労働ではダメなのでしょうか？　「富」の観点からは可能だけれど、「商品」の観点からすると、それでは資本の価値増殖が止まってしまうからです。

残念ながら、日本ではまだこうした、資本主義に挑む大胆な労働時間短縮の動きは見られません。それどころか、生活保護バッシングにも見られるように、「働かざる者食うべからず」という勤労倫理は、ますます強化されています。そして、副業が推奨され、休みの日には自己啓発セミナーが賑《にぎ》わっています。私たちはますます自分の時間を他人に売ろうとしている。でも、本当にそれでいいのでしょうか。

ブラック企業があれほど社会問題になった後も是正されない日本の長時間労働問題を解決するには、その背景にある構造的な問題に踏み込んで、別の働き方の可能性を探求する必要があります。本章で紹介した「労働日」をめぐるマルクスの洞察は、その大きなヒントになるはずです。

第3章

イノベーションが「クソどうでもいい仕事」を生む

ケインズの楽観と悲観的な現実

資本主義のもとで、なぜ長時間労働はなくならないのか。それどころか、資本の運動が人々を過労死にまで追い込んでしまう仕組みを、第2章で詳しく見ました。

『資本論』刊行からおよそ60年後、イギリスの経済学者Ｊ・Ｍ・ケインズは、資本主義が発展していけばやがて労働時間は短くなると予言しました。ケインズ曰く、労働時間は、２０３０年には週15時間になるかもしれず、そうなれば人々は時間を持て余すようになる。21世紀最大の課題は、労働時間や労働環境ではなく、増えすぎた余暇をどうやり過ごすかだ、と（「孫の世代の経済的可能性」、１９３０年）。

その後１００年近く経って、たしかに私たちの生活は様変わりしました。マルクスやケインズが想像もできなかったほど、様々な技術革新が起きたのです。社会がモノを作る力、要するに「生産力」がものすごく上がって、飛躍的な経済成長が起きたのです。

「紀元前２０００年頃から18世紀初頭まで、地球上の文明都市で暮らす平均的な人間の生活水準に、これといって大きな変化はなかった」とケインズは述べていますが（同前）、実際、世界の総ＧＤＰの変化を示すグラフを見ると、１８００年くらいまではほぼ平坦です（図参照）。

ところが、資本主義の発展に伴い技術革新が進み、世界の総ＧＤＰは急カーブを描いて上昇していきます。特に第二次世界大戦以降は、グラフが垂直方向に急伸。さらに、この30年でインターネットや携帯電話が普及し、ロボット開発やＡＩ研究も進んでいます。だとすれば、ケインズが予言したように、先進国ではもはやさほど働かなくても暮らせそうなものですが、現実はまったくそのようになっていません。それどころか、「ロボットの脅威」に怯《おび》えながら、私たちはますます労働に駆り立てられています。

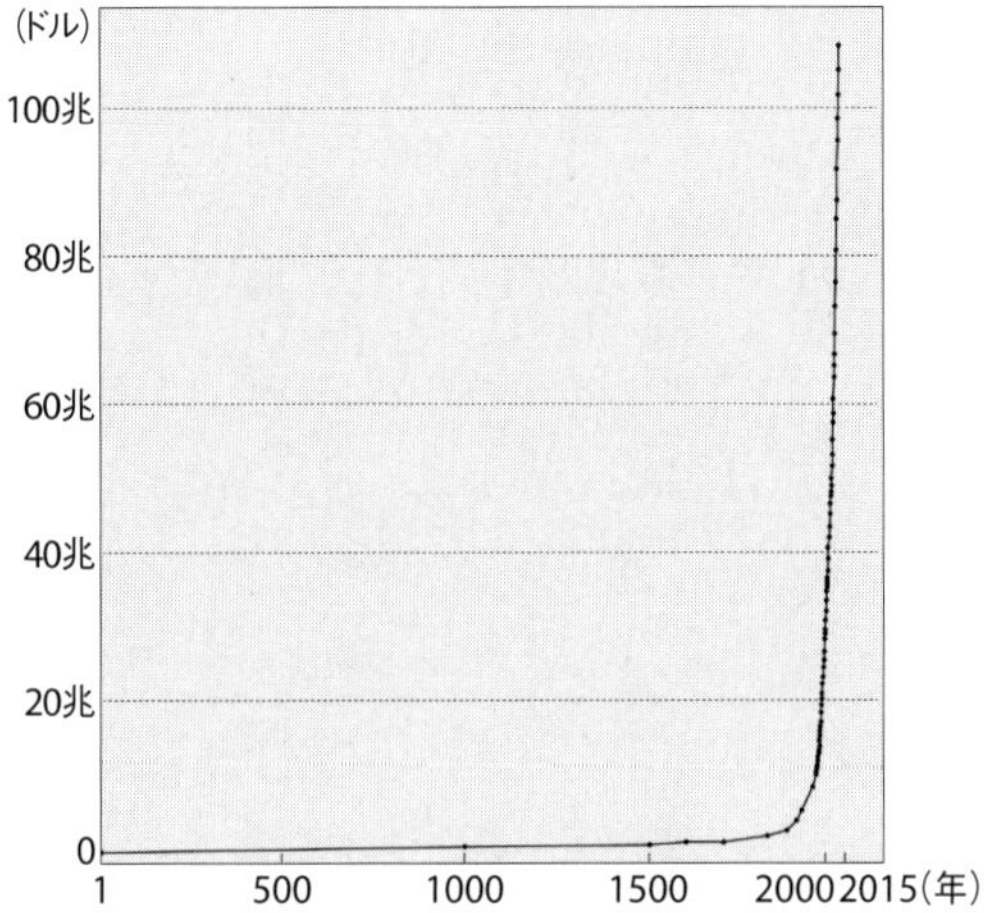

図　過去約2000年の世界の総GDPの推移
出典:The world economy over the last two millennia
(https://ourworldindata.org/economic-growth)

　なかでも、人々の不安をかき立てたのが、２０１３年秋にオックスフォード大学のマイケル・Ａ・オズボーンが発表した論文「雇用の未来」です。７００種余りの職業を仔細に分析したオズボーンは、技術革新によってアメリカの労働者の実に半数近くが、10年から20年後には

――つまり、早ければ２０２３年頃から職を失う、と予言したのです。しかも、工場労働者だけでなく、会計士や銀行員のような高給取りもそのリストに記されていたため、衝撃が走りました。

人間の労働が減る、という意味ではケインズの予言とも符合します。しかしオズボーンが予見したのは、人間が「働かなくてもいい」お気楽なユートピアではなく、失業して「働けなくなる」、「生活できない」というディストピアの未来でした。生産力が上がりすぎて人間はもはや要らなくなるのではないかという恐怖心から、私たちは、かつてないほど労働へと駆り立てられているのです。

実際、技術発展の結果、多くの労働は、つまらないものになっています。誰でもできるような仕事を私たちはクビにならないように必死にやっている。しかも低賃金で。積み上がっていくのは、銀行の残高ではなく、将来の不安ばかりです。

資本主義は膨大な富をもたらしたように見えるけれど、私たちの生活にはむしろ余裕がなくなっている。その結果、欲求や感性は痩せ細って貧しいものになっています。１８０年前、20代半ばの若きマルクスは、この状態を「労働の疎外《そがい》」と呼びました。疎外された生活について、怒りを込めて、マルクスは次のように書いています。

> 光、空気などのもっとも単純な動物的な清潔さも、人間にとって欲求であることをやめる。汚れ、人間のこの頽廃、堕落、文明の下水溝の汚物（これは文字通りに解すべきだ）が、人間にとっての生活基盤となる。完全に不自然な荒廃、腐敗した自然が、人間の生活基盤になっているのだ。（マルクス『経済学・哲学草稿』第三草稿、１８４４年執筆・１９３２年発表）

労働はもっと魅力的で、人生はもっと豊かであるべきなのではないか。このマルクスの問いは現代にも当てはまります。

へとへとになるまでつまらない仕事をして、帰宅してからは狭いアパートで、夜遅くにコンビニの美味《うま》くもないご飯をアルコールで流し込みながらユーチューブやツイッターを見る生活――これは、おかしいんじゃないか。そして何より、「月曜日が憂鬱《ゆううつ》」、「仕事休みたい」という疎外の感覚は、私たちの実感に合致するのではないでしょうか。

そこで、以下ではマルクスのいう「疎外」が『資本論』のなかでどう分析されているか、詳しく見ていきたいと思います。（廣松渉《ひろまつわたる》やルイ・アルチュセールを読んだことがある人は、『資本論』に疎外論があると聞いてびっくりするかもしれません。でもちゃんとあるのです。）

そのうえで、疎外を克服するためのヒントを考えていきましょう。

「より安く」と圧力をかける資本主義

さて、ケインズの予想に反して、生産力の上昇はなぜ、労働者を労働から解放せず、幸せにもしなかったのでしょうか。この問いに答えるカギは、そもそも資本主義のもとで、なぜこれほど生産力が上がるのか——言い換えると、なぜ資本家は生産力を上げようとするのか、に隠されているとマルクスは言います。

資本家が生産力を上げたい理由。それはズバリ、商品を「より安く」生産して、市場での競争に勝つためです。

今より安く生産して同じ価格で販売することができれば、その分利益が増えます。あるいは、低価格を売りにして市場シェアを拡大することもできるでしょう。シェアが拡大すれば、薄利多売で、ますます利益が増えていきます。

前章で述べた通り、資本とは価値の増殖運動であり、金儲けを延々と続けるのが資本主義です。生産力を上げて「より安く」生産できれば「より儲かる」ということがインセンティブ（動機）となって、資本家は「もっともっと生産力を上げよう」となるわけです。

例えば、資本家たちがシャツを手縫いで縫製させ、それを１万円で売っていたとしましょう。ある日、資本家の山田さんがミシンを海外から導入し、大幅なコストカットに成功、１着１０００円でも利益が出るような形で作れるようになったとします。その際、１０００円で売ってもいいですが、ほかの資本家は1万円で売っているのですから、4000円上乗せして5000円で売ったとしても、十分優位に立つことができます。
すると、ここで上乗せした4000円は、まるまる山田さんの懐に入ります。この、市場での販売価格（5000円）と実際に投入された労働量を適正に反映した価格（1000円）との差益を「特別剰余価値」といいます。

生産力が上がると、以前より安く売っても儲けは倍増。しかも相場の半額のシャツは飛ぶように売れる——となれば、当然、ほかのシャツ屋も黙ってはいません。だから、みんなミシンを導入して、1着5000円、いや、4000円で売って資本家の山田さんからシェアを奪おうとするでしょう。最終的にみなが同じ技術水準に追い付けば、ミシンで作ったシャツは1000円で売らなくてはならず、特別剰余価値は消えてしまいます。

こうした低価格競争の波に乗り遅れた資本家はどうなるでしょうか。昔ながらの製法の1万円のシャツは売れ残ってしまいますよね（もちろん、お金持ちはミシンと手縫いの違いを強調し、手縫いのシャツを買うかもしれませんが、気にしない人の方が多いので需要は大きく減っていきます）。一方、相場に合わせて価格をつければ、売れば売るほど損失がふくらんで、早晩淘汰されるでしょう。

> 商品を安くするために、そして商品を安くすることによって労働者そのものを安くするために、労働の生産力を増大させることは、資本の内在的衝動であり、不断の傾向である。(338)

資本家であり続けるには、他社より安く効率よく生産して儲けなければなりません。だから、商品を安くするために、とにかく生産力を上げようと資本家は躍起《やっき》になる。そしてさまざまな技術革新が起きます。特別剰余価値こそが、資本主義のもとで生産力が飛躍的に上がっていく最大の理由なのです。

生産力の向上が生む「相対的剰余価値」

こうした価格競争が社会全体に広がると、やがてあらゆるジャンルの商品が安く買えるようになります。欲しいモノが安く買えるなら大歓迎——と、喜んでばかりはいられません。右の引用文にもあるように、それは「労働者そのものを安くする」からです。どういうことでしょうか？

労働者が安くなるというのは、要するに、労働力が安くなり、賃金が下がっていくということです。だからここでは、賃金がどのようにして決まるかを理解する必要があります。
賃金は、市場での需要と供給の関係だけでは決まりません。例えば、今の日本は人手不足と言われながらも、賃金は全然上がっていませんよね。賃金は、労働者が生活していくのにいくら必要かで決まると、マルクスは言います。

1日働いて疲れた労働者は、食事をしたり睡眠をとったりして、翌日も働けるよう、自らの「商品」たる労働力を回復させなければなりません。マルクスはこれを「労働力の再生産」と表現していますが、労働力の再生産費は、日々の生活に必要とされるものを生産するのにどれくらい働かないといけないかで決まります。

「必要」の内容は、時代や地域ごとに様々です。食べ物、家賃、衣服、レジャー代はもちろんのこと、現代であれば、スマホやインターネットの料金も含まれるでしょう。地方なら車も必要です。長期的には、子どもの教育費や老後の蓄えなども賄《まかな》えるくらいでなければなりません。

一方、生産力が上がっていけば、これまで日給1万円（前章の例だと5時間分の労働）はもらわないと暮らせなかったのが、ファストファッションやファストフードのおかげで、例えば8000円（4時間分の労働）でも以前と同じような暮らしができるようになる。すると資本家は、労働者に支払う日給を8000円に下げることができます。具体的に

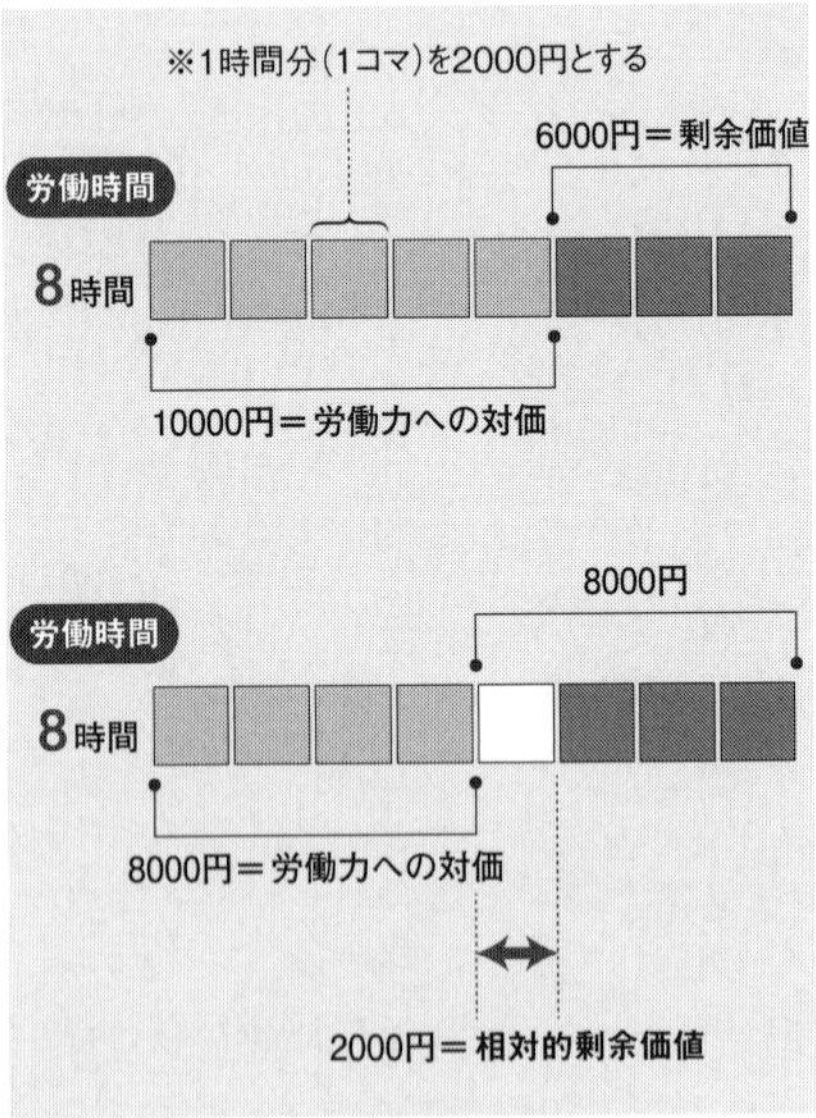

図　相対的剰余価値の発生
この例では、減額された日給2000円分が相対的剰余価値となり、まるまる資本家のものになる

は、非正規雇用などを増やしてコストカットができるようになるのです。

生産力が上がって安く生活できるようになっただけで、この労働者が1時間の労働で生み出す価値は変わりません。1時間で2000円の価値を生み出すとして、労働時間も以前と同じ8時間であれば、日給の減額分2000円はまるまる資本家の剰余価値となります（図参照）。

このように、労働力価値の低下によって生み出される剰余価値を、マルクスは「相対的剰余価値」と呼んでいます。

なぜ「相対的」なのか。前章で見た「絶対的剰余価値」の生産では、労働日の絶対的な長さが延長されることによって1日に生産される価値そのものが増大しました。それに対して、「相対的剰余価値」の生産では、労働日の長さは変わらないので、1日に生産される価値の合計は同じままです。けれども、労働力の価値が下がることで儲けが増えるというカラクリだからです。

話が少々複雑になりましたが、ここで押さえておきたいポイントは、生産力が上がっていくのは、あくまでも資本家が相対的剰余価値の生産を目的としているからだということです。つまり、それは「人々の労働からの解放」や「労働者の生活を豊かにすること」を目指すものではありません。値下げは消費者のためではないのです。それどころか、以下で見るように、労働者たちがますます過酷な労働へと追いつめられるようになっていくのです。

誰のためのイノベーションか

資本主義のもとで生産力が上がり続ける理由と、それによって資本家がより多くの「剰余価値」を得る仕組みはわかっていただけたと思います。実際、低価格競争と薄利多売の話は直感的にもわかりやすいですよね。

ただし、生産力を上げる技術革新、つまりイノベーションに資本家が求めたものは、「価値」の増殖ばかりではありません。彼らのもう一つの狙い——それは労働者に対する

「支配」の強化。むしろこれこそが、資本主義がもたらす生産力の増大について、マルクスが最も問題視していた点なのです。

　特別剰余価値を獲得するために、商品をできるだけ安く作るべく、資本家は労働者を〝効率的〟に働かせようとします。要するに生産性を上げようとするわけです。その際、効率性は、労働者にとっての〝快適さ〟を意味しないという点が重要です。

　資本主義のもとで求められるのは、労働者を重労働や複雑な仕事から解放することを目指した新技術ではありません。彼らがサボらず、文句も言わずに、指示通り働いてくれるようにするためのイノベーション、つまり、労働者を効率的に支配し、管理するための技術なのです。そんな「働かせ方改革」が現代まで続いているからこそ、ケインズの予想は当たらないのです。

　実際、生産力が上がれば上がるほど、労働者はラクになるどころか、資本に「包摂」されて自律性を失い資本の奴隷になる、とマルクスは指摘しています。

　一体なぜ、生産力の上昇が資本による支配の強化につながるのか。ここで思い出していただきたいのが、第1章の冒頭で紹介した「物質代謝」の話です。そこでは、人間が「意識的かつ合目的な」労働を介して自然との物質代謝を営んでいる、という話をしました。

この意識的かつ合目的的な労働のプロセスは、大きく2つの要素に分けることができます。それは「構想」と「実行」です（「構想」と「実行」という整理は、マルクス本人ではなく、ハリー・ブレイヴァマンという優れたマルクス研究者が『労働と独占資本』という本で、『資本論』読解に際して用いたものです）。

例えば、「温かいものが食べたい」「そのために煮炊きするための道具が必要だ」と、あなたが考えたとしましょう。すると人間は、どんな素材で、どのような形の物を作ればいいか、耐熱性や耐久性を持たせるにはどうしたらよいかと、あれこれ知恵を絞りますよね。これが「構想」です。ここでは、その結果、土鍋のようなものを作ればいいと結論したとしましょう。

この構想をもとに今度は、実際に手を動かして土鍋を作ります。丈夫な土鍋を作るために、いい土を掘り出し、水を加えてこね、成形して焼成する。こうした一連の労働を通じて構想を実現する過程が「実行」です。

人間が頭で考える構想の作業を、マルクス自身は「精神的労働」と呼んでいます。実行は、自身の身体を使った「肉体的労働」です（しばしば誤解がありますが、「精神的労働」と「肉体的労働」はホワイトカラーとブルーカラーの区別ではありませんので注意してください）。本来、人間の労働は、構想と実行、精神的労働と肉体的労働が統一されたものでした。

ところが、資本主義のもとで生産力が高まると、その過程で構想と実行が、あるいは精神的労働と肉体的労働が分離される、とマルクスは言います。「構想」は特定の資本家や、資本家に雇われた現場監督が独占し、労働者は「実行」のみを担うようになるというわけです。

構想と実行が統一されていた労働としてイメージしやすいのは土鍋作りなどの職人仕事でしょう。職人は、長年の修練によって身につけた技術や知識、そこで培《つちか》われた洞察力や判断力を総動員して、自分が作ろうと思った（＝構想した）物を、自らの手で作り出す（＝実行する）ことができます。

その際、熟練の土鍋職人なら、炎の色や揺らぎ具合を見ただけで窯《かま》の温度がわかり、その日の気温や湿度、土の状態から、最適な焼成温度や焼成時間を判断できる。こうしたノウハウは明文化されておらず、お金で買えるものでもありません。工場ごとに工程や材料も違ったりする。修業で体得するしかないのです。資本主義の勃興期には、まだこうした職人や熟練工が大勢いて、ヨーロッパの諸都市ではギルドやツンフトと呼ばれる同職組合を作っていました。

同職ギルドの構成員は職人・徒弟をかかえる親方で、原料の確保、技術の共有、価格の協定などを通じて結束を固めています。実際、ギルドには様々な掟《おきて》があります。何年修業しなければ親方になれないとか、独立して工房を構える場合の弟子は最大何人までとか。さらに、利益の割合も決められ、広告や値引きも禁止されていました。規則を破った者は親方としての資格が剝奪《はくだつ》され、場合によっては腕を切断されるなど、厳しい罰が待っていました。

現代人の目から見れば、そのような社会は非常に窮屈《きゅうくつ》に映りますよね。でもそれは、職人が頑固で偏狭《へんきょう》だからではありません。それは、生産の目的が、利益をあげることではなく、みなの生活を保障するために一定の秩序を維持することだったからです。彼らは、自分たちの「構想」力と「実行」力を自主管理することで、過当競争を防ぎ、自分たちの仕事と労働環境を守っていたのです。

しかし、こうした状況が、資本家にとって不都合なのは、すぐにわかるでしょう。土鍋を３日で１００個焼くよう命令しても、「無理だ、１週間はかかる」とはねつけられたり、「模様は入れなくていいから、安く作ってくれ」と言っても、「俺には俺のやり方がある」と応じてもらえなかったりする。彼らの機嫌を損ねたら生産してもらえないので、資本家は職人の言うことを聞くしかありません。これは、構想と実行が統一された労働者の技能や洞察に、資本が依存している状態です。

先述の通り、資本家は、短時間でできるだけたくさん生産して剰余価値を増やしたい。

そのために労働者もどんどん増やしたい。競争は差し迫っているので、何年も修業しなければ働き手になれないのでは困ります。

だから資本主義はギルドを徹底的に解体していくのですが、その際に職人たちの抵抗を殺《そ》ぐために重要だったのが、労働者の「構想」と「実行」の分離なのです。つまり、資本にとって都合がいいように、労働の技術的条件そのものをどんどん再編することで、剰余価値生産に最適な生産様式を自らの手で確立していったのです。

「分業」が労働者を無力化する

では、どうやって「構想」と「実行」を分離するのでしょうか。

一番簡単なのは、生産工程を細分化して労働者たちに分業させるという方法でしょう。1つの土鍋を作り上げるまでにどんな工程があるのか、各工程では具体的にどんな作業が、どの道具を使ってどのように進められているのか、何分かかるのか、ということを資本家が観察して、職人がおのおの独自のやり方でやっている作業を画一的な単純作業へと分解していくのです。

1人で土鍋を完成させることはできなくても、例えば土をこねるだけ、粘土を型に詰めるだけ、型から抜くだけなら、十分にマニュアル化できますし、素人でも少しトレーニングすればできるようになる。毎日やっていたら、その作業に関してだけなら職人以上になるかもしれません。それに1つの単純作業なら、それに特化した道具を作ることも容易になります。

また、職人のように口ごたえしない素人集団なら、資本家は生産工程を監督・命令しやすくなります。あらゆる作業をマニュアル化してしまえば、劇的なスピードアップもできる。このように、分業によって画一的な工程にしていくことで、生産効率は上がっていくのです。単純作業が中心なので、人員を増やし、生産規模をどんどん拡大できるでしょう。

もちろん、現代社会においても職人にしか作れないものもあります。でも、そういう商品は、そもそも資本主義的生産では求められていません。資本家が作りたいのは、手作りの芸術的な土鍋ではなく、安くてそれなりに丈夫なもの。割れたり欠けたりしたらいつでも手頃な値段で買い替えられるような量産品です。そういうものは、1人の職人が丁寧に作るより、大勢の人間が分業して流れ作業で作った方が効率もいいし、安く、たくさん生産できる。

資本主義が広がっていけば、価格競争の波に呑み込まれ、ギルドは解体されていきます。商売が立ち行かなくなった職人は、廃業するか、生活していくために資本家のもとで分業に加わらざるを得なくなります。こうして、ギルドの力は弱まり、その分だけ資本家の力が強くなっていきます。

その結果、18―19世紀、営業自由の原則を掲げた諸国の立法により、ギルドの特権は廃止されました。マルクスの祖国、ドイツにおいても1869年にはギルド制の歴史は終わりを告げ、ルールなき資本主義がこうして形成されたのです。

労働が苦痛になる根本原因

生産力の向上と生産工程の分業化で貧しくなるのは職人ばかりではありません。土鍋工場で職を得た非熟練工たちにも、過酷な運命が待ち受けています。

彼らは、資本家が構築した分業システムに組み込まれるだけなので、「構想」する機会を奪われています。工場では決められた部分作業を毎日繰り返しやらされるため、知識や洞察力がなかなか身につかない。それに、市場の動向に合わせて仕事内容はどんどん変わっていくことになるでしょう。単純労働は置き換えが簡単だからです。「実行」の面でも、かつての職人のように、豊かな経験を積んで技能を身につけるという形で、自分の能力を開花させるということができないのです。

そもそも労働者が、自分の労働力を商品として資本家に売らなければならなかったのは、物理的な生産手段――つまり、生活に必要なものを作る手立て――を持たなかったからです。ところが、分業というシステムに組み込まれることで、何かを作る生産能力さえも失っていく、とマルクスは喝破しています。

何年働いても単純な作業しかできない労働者は、分業システムの中でしか働けません（もはや自分一人では完成品を作る能力がない！）。だから、生活していくには、資本の指揮監督・命令に従うしかないのです。分業と協業は、こうして資本主義的なやり方で再編されていき、労働者の主体性を奪っていきます。

しかも、誰にでもできる単純作業なので、自分の代わりになる人は工場の外にたくさんいます。仕事を失いたくなければ、夢を諦め、不平・不満はぐっと呑み込んで、ノルマを達成すべく黙々と働くしかない。そうなると、ますます資本家との主従関係が強化されてしまう。――自由な裁量の余地が失われた職場こそ、労働が苦痛になる疎外の原因なのです。

人間らしさを奪うテイラー主義

構想と実行の分離を徹底した実例として、20世紀初頭の「テイラー主義」を紹介しておきましょう。テイラー主義とは、アメリカの技術者で『科学的管理法の原理』（1911

年）の著者、フレデリック・テイラーが提唱したマネジメント手法です。テイラーは機械工場に徒弟として入り、機械工・技師長を経てコンサルタントとなった人物で、今ではアメリカ経営学の源流とみなされています。

テイラーは、まず生産工程を細分化して、各工程の動作や手順、所要時間を分析し、工程ごとに標準作業時間を確定しました。作業の無駄を徹底的に省くため、動作に合わせて体型や能力などを考慮した配置換えを行い、専用の道具を開発し、道具や部品の置き場まで細かく決めていきます。つまり、生産の技術的条件が、資本家によって根底から変えられていくのです。

さらに、生産の計画・管理を行う人と、実際の作業にあたる人を完全に分離します。これは、後者の意識を「規定時間内に自分のタスクを完遂すること」だけに集中させるためです。そして、時間内に完遂できなければ罰金やクビ、一定以上の作業をこなした人には報酬を与えるという差別的な出来高賃金制度も導入して、競争心を煽りながら単純労働に邁進《まいしん》させたのです。

なぜテイラーがこんなことをしたかというと、彼が製鉄所で働き始めた当初、部下である現場の工員たちが、ちっとも彼の命令を聞いてくれなかったからです。一方で、テイラーは、自分が持っている知識やスキルが「工員たちの知識と器用さの合計には程遠い」

ことを痛感していました。要するに、舐《な》められていたわけです。

こうした経験を踏まえて、工員たちの知識と器用さ——つまり構想と実行を、徹底的に解体し、すべての工員が「最大の努力、最高に勤勉な働き」を、自分の指示通りに、かつ〝自発〟的に発揮する仕組みを考案し、それを体系化したのがテイラーでした。

テイラーは、マネジメントの概念を確立した「科学的管理法の父」とも称されますが、テイラー主義は、生産に関する労働者たちの知という〈コモン〉（共有財産）を囲い込む行為にほかなりません。生産に関する知やノウハウを資本が独占し、資本の都合で再構築された生産システムに、労働者を強制的に従わせるのですから。

それでも、一時的には生産性が跳ね上がり、業績アップの恩恵を、労働者たちも賃上げという形で受けることができます。だから労働組合の側も、資本に構想が奪われることを容認してしまった。

ところが、高度経済成長の時代が終わると、資本は労働者にそのような〝おこぼれ〟を与えなくなります。労働者の立場はどんどん弱くなり、給料も下がっていき、労働時間も容易に延長されてしまうのです。

資本主義は、生産力を上げるなかで、労働者の自律性も、人間らしい豊かな時間も容赦なく奪っていく。だから、生産力がこれほど発展しても、資本主義が続く限り、ケインズが予見したような余暇社会はけっして実現されないのです。

「機械」に奉仕する労働者

以上のように構想と実行が分離された結果、労働者は構想する力を失い、仕事場で主体的に振る舞うことができなくなっていきます。単純作業に閉じ込められることで、人間の労働が本来持っている技能という「富」が、どんどん貧しくなっていくのです。

その完成形が、作業工程が機械化された「大工業」です。『資本論』第1巻第13章「機械と大工業」には次のように記されています。

> 工場では、1つの死んだ機構が労働者たちから独立して存在し、彼らはこの機構へと、生きた付属物として合体されるのである。〔中略〕労働者が労働条件を使用するのではなく、逆に労働条件が労働者を使用する（445―446）

文中の「死んだ機構」とは、過去の労働によって作られた機械のことです。マルクスは「死んだ労働」とも呼んだりします。生身の人間は「生きた労働」として、この「死んだ労働」にあてがわれ、機械の付属物になっていく。以前は、人間が道具を使って（奉仕させて）いたけれど、大工業の生産現場では、人間が機械に使われ（奉仕させられ）る、ということです。

第1章で人間が商品の「価値」に振り回されるという話を、第2章では「資本の運動」に振り回されていくという話をしましたが、大工業時代の労働者は、さらに「機械」にも振り回される。機械というモノと労働者の立場が逆転・転倒してしまうという意味で、これはまさに生産過程の「物象化」なのです。

生産過程でイキイキと動いているのは機械の方で、機械は「生きた労働力を支配し吸い尽くす死んだ労働」（446）になっていく。こうして、「精神的労働」と「肉体的労働」の分離に基づいた、資本の支配が完成します。

> 機械労働は、神経系統を極度に疲弊させる一方、筋肉の多面的な働きを抑圧し、心身の一切の自由な活動を封じてしまう。労働の緩和でさえも責め苦の手段となる。なぜなら、機械は労働者を労働から解放するのではなく、労働を内容から解放するからである。（445―446）

興味深いことに、右の一節では、機械によって作業がラクになることさえ、労働者にとっては責め苦になると指摘しています。なぜなら、機械が労働者を「労働」から解放するのではなく、労働の「内容」から解放する――つまり、無内容な単純労働を強いるからです。内容がないということは、自らの手で何かを生み出す喜びも、やりがいや達成感、充実感もない、要するに疎外されているということです。そして、無内容なので、いつでも、誰とでも置き換え可能となり、労働者の力はますます弱められたのでした。

資本の指揮・命令――つまり、経営者の意向に沿ってしか労働を実現できない状態を、マルクスは「資本の専制《せんせい》」と呼んでいます。

資本の専制が完成されると、飛躍的に向上した生産力もすべて資本家のものとして現れる、とマルクスは言います。実際には、労働者が〝協業〟して行った労働が生産力を上げているわけですが、それは「労働者の生産力」としては現れずに、「資本の生産力」として現れてしまう。なぜなら、労働者たちは自らの意志で、自律的に協業しているわけではないからです。

労働者が自動車を作れるのも、パソコンを作れるのも、資本のもとに集められて、その指示に従って働いているから。資本の指揮と命令なしには、私たちはもはや何も作ることができません。こうして生産力が増大するほど、資本による支配がむしろ強まっていくとマルクスは批判しているのです。

無力な生産者は無力な消費者である

労働者たちは、自分たちでは何も作れない無力な存在になっていきます。これは日々の生活にも大きな影響を及ぼします。私たちは、同時に、無力な消費者にもなっていくからです。

第1章で、資本主義的な合理性を内面化したコスパ思考の人の話をしました。彼らは自分の時間をお金儲けのために使い、それ以外のことを無駄で非効率なこととして「外注」していきます。資本主義の企業はそこにチャンスを見出して、彼らのためにさまざまなサービスを提供します。実際、ネットで探せばあらゆるサービスが出てきますよね。

そうしたサービスを利用するのは、社会的に成功した、お金に余裕がある人でしょう。けれども、彼らは自律した、能動的な存在でしょうか？　そんなことはありませんよね。彼らはむしろ、自分たちでは料理もできず、掃除もできない、他人のケア労働に深く依存した存在です。

要するに、無力な消費者は、市場が提供する与えられた商品やサービスを選択することしかできません。たしかに、お金がある限りで、好きなメニューを自由に選択することはできます。でも、メニューにないものは何もできない。その意味では非常に弱く、不自由な存在なわけです。

例えば、スーパーに行っても切り身の魚とか刺身しか買えない。だから、スーパーの鮮魚コーナーはいつ行っても似たような魚ばっかりになっていきます。こうして食卓のメニューの幅も限られていってしまう。

私が自分の無力さを痛感したのは、ドイツに留学していた時です。ある日、アパートの古いトイレが詰まってしまいました。「スッポン」を使ってもダメ。その時私がまず考えたのは、修理業者を呼ぶことでした。でも、検索しようにも、どのような業者、それをドイツ語でなんというかがわからない。ところが、同居人のドイツ人に相談すると「それはよくあることだ」と落ち着いた答え。排水管を外して自分で直してしまったのです。

ドイツ社会はもちろん資本主義ですが、市民に自分で作ったり、修理したりする力が備わっていることを感じる場面にしばしば遭遇しました。それは、古い自転車や家具を自分で修理しながら使う「エコな」社会です。壊れたら多額の修理費を払ったり、それを避けるためにすぐに新しい製品を買う日本の方が、ずっと〝資本主義的〟ではないでしょうか。

生産力向上で仕事にあぶれる

生産力の増大を手放しで喜べない理由はほかにもあります。それが「相対的過剰人口」の問題です。

機械化が進んで生産力が2倍になれば、同じ商品を製造するのに必要な労働者数は半分になります。景気がよくて「よし、生産規模も2倍にしよう」という話になれば別ですが、社会の需要は有限で、どこかで必ず頭打ちになります。そうなれば労働者たちは資本にとって不要になります。特に、低経済成長が続く今の日本のような状況でさらに生産力が上がれば、企業は容赦なくリストラを進めて、コストカットしようとするでしょう。

すると、労働市場には、資本の需要に対して〝相対的に過剰〟な労働者があふれ、買い手優位の状況が生まれます。マルクスは次のように言っています。

> 機械の資本主義的利用は、一方では、労働日の無制限な延長への新しい強力な動機をつくり出し、この傾向に対する抵抗を打ち砕くような仕方で、労働様式そのものと社会的労働体の性格を変革するとすれば、他方では、労働者階級のうち、以前には資本の手の届かなかった階層を編入したり、機械に駆逐された労働者を遊離させたりすることで、資本の命ずる法則に従わざるをえない過剰な労働者人口を生み出す。（430）

機械が力仕事をしてくれるようになれば、非熟練労働者だけでなく、女性や子どもといった「以前には資本の手の届かなかった階層」も働けるようになります。トラクターや耕運機などの導入による農業の工業化は農村に過剰人口を生み出し、多くの若者を都市へと向かわせます。そうした人たちを労働市場に「編入」すれば、相対的過剰人口はますます増えていきます。

工場の外に、「もっと安い賃金で働きます」、「より過酷な労働条件でも働きます」、「とにかく仕事をください」という人が増えれば、彼らに職を奪われないよう、工場の中にいる労働者は必死になって、ますます長く、真面目に働くようになります。

しかし皮肉なことに、彼らが必死に働けば働くほど生産力が上がり、資本家が「そんなに働いてくれるなら、今は１００人体制で生産しているけど、80人でいいな」と考えて、さらに相対的過剰人口を増やす結果になってしまうのです。

> 労働者階級の就業部分の過重労働は、その予備軍の隊列を膨張させる一方、予備軍が競争によって就業部分に対して加える圧力の増大は反対に、過重労働や資本の命令への服従を就業部分に強制する。(665)

こうした状況は失業者と就業者の分断を生み、団結できない労働者は、資本の前で、より一層その力を弱めていくことになります。力が弱まると抵抗できなくなり、さらなる「過重労働」を受け入れざるを得なくなる――。この果てしない悪循環の内実と問題点を、マルクスが強い口調で批判しているのが次のくだりです。

> 資本主義システム内では、労働の社会的生産力を高める方法はどれも、個々の労働者を犠牲として行われるのであり、生産を発展させる一切の手段は、生産者たちの支配と搾取の手段に転化し、労働者を部分人間へと不具化させ、労働者を機械の付属物へと貶め、労働苦で労働内容を破壊する。そして、科学が自立的力能として労働過程に合体されるほど、労働過程の精神的力能を労働者に疎遠なものにする。また、これらの方法・手段は、労働過程中では極めて卑劣で憎むべき専制支配のもとに労働者を服従させ、彼の生活時間を労働時間に転化させ、彼の妻子を資本のジャガノートの車輪へと投げ入れる。（674）

「ジャガノート」とは、人々に絶望的な犠牲を強いる巨大な力とでも訳せばいいでしょうか。ヒンドゥー教の神の化身クリシュナの異名「ジャガンナート」がその語源で、狂信的

図　ジャガンナート像を載せた山車。信仰の篤いヒンドゥー教徒がジャガンナートの山車に轢かれることを望んだという話がヨーロッパに伝わっていた（Bridgeman Images/PPS通信社）

な信者が、ジャガンナート像を戴く巨大な山車《だし》（図参照）の車輪の下に身を投げ出したという逸話に重ねて、マルクスは資本主義の残酷を断じています。

勢いを増しながら回り続ける資本の「G－W－G′」が社会を呑み込み、労働者の生活をとことん破壊していく。それでも労働者は、資本主義という大車輪に呑み込まれる――というより、生きていくために、むしろ車輪の下に家族や自らの身を投げ出して、過酷な労働を担っていくのです。

「経営者目線」のウソ

労働者に大きな犠牲を強いる資本のジャガノートは、さらにスケールアップしながら今も回り続けています。資本による「構想と実行の分離」もますます強まっています。

テイラーは、労働者に「最大の努力、最高に勤勉な働き」を自発的に発揮させようとしましたが、現代の労働者は、単に勤勉なだけでなく、「経営者の目線で考えて、自ら動け」と発破《はっぱ》をかけられたりします。経営理念やマニュアルを叩き込まれるのはそのためです。とはいえ、「経営者の目線で」という言説は、あたかも経営者のように「構想」させてくれるかのように聞こえるかもしれません。

実際、そうした言葉にだまされて、テイラー主義のような、労働者の自発性を奪う管理のやり方は現代では乗り越えられたとする学者もいますが、それは間違いです。なぜなら、「構想と実行の分離」はまったく乗り越えられていないからです。むしろ今起きているのは、経営者や管理職が「構想」した理念やマニュアルに従って——つまり、彼らの目線や意向を徹底的に内面化して「実行」せよ、ということです。

本来、構想とは、状況に合わせて自在に判断する能力を意味します。それは、ファストファッションの店長が、立地や天候を勘案しながらマネキンに着せる服をTシャツにするか半袖シャツにするかを選ぶというような話ではありません。もっと自由に他社の化粧品や靴を仕入れて販売したり、営業時間、接客方法を変えたりすることが「構想」です。

だから、そうした裁量を与えられないままに経営者目線で働くのであれば、現代の労働者は依然として「実行」しているだけで、「構想」からは分離されている。それでも従業員が「自分は〝実行させられている〟わけじゃない！」と思っているとしたら、疎外を感じないくらい、すっかり資本に包摂されてしまっているのかもしれません。労働者が資本家目線で〝自発的〟に動いてくれれば、資本家にとってこんなに有り難いことはないのです。

また、以上の議論を踏まえれば、ＡＩやロボットの技術発展によって自由な働き方ができるという言説も眉唾《まゆつば》ものであることがわかるでしょう。

例えば、私はコロナ禍で、ウーバーイーツのアルバイトを体験してみたことがあります。スマートフォンを使って、好きな時間に「自由に」働くことができる新しい働き方、モノやサービスを共有・交換するシェアリング・エコノミーの一例として注目されています。けれども、作業は料理を運ぶだけ。実際の労働は、道がわからない私が、ただスマホの画面上に出る指示を追って配達するだけなのです。

労働内容は、ウーバーのアルゴリズムとスマホのＧＰＳ機能によって決められていて、冷めないうちに料理を届けることだけを求められる。構想を奪われた労働には、創造性や他者とのコミュニケーションの余地はどこにもありません。とにかく届ける効率を上げるだけです。何より、きちんと働いているかどうかを機械によって監視されているのは、気味が悪い。

ブルシット・ジョブ

一方で、オズボーンの、ロボットが人間の仕事を奪うという予測はまったく当たりそうな気配がありません。技術発展にもかかわらず、料理は人間でなければ配達できないように、多くの仕事は依然としてロボットに任せることはできません。

例えばコンビニの店員の業務は多岐にわたり、そのすべてを1つの機械に代替させるのは、ほぼ不可能です。介護や保育のように、一つひとつは単純そうに見えても、実際には、相手のニーズに合わせて細やかな要求に臨機応変に応えないといけない難しい仕事（エッセンシャル・ワーク）をロボットにさせようとすれば、膨大なコストがかかります。

結果的に、多くの仕事では人間を使う方が安いので、ロボットの脅威に怯える必要はありません。むしろ問題は、こうした「人間にしかできない」仕事、しかも社会的に重要な仕事に従事するエッセンシャル・ワーカーたちに、長時間労働と低賃金という負荷がかけられているという現実です。

同時に、そもそも社会的にさほど重要とは思われない仕事、やっている本人でさえ意味がないと感じている高給取りの仕事――文化人類学者デヴィッド・グレーバーは、そんな「ブルシット・ジョブ（クソどうでもいい仕事）」が、広告業やコンサルタント業を中心に、近年急速に増えていると指摘しています。

無駄な会議、書類作成、くだらないキャッチコピー作りやマナー研修。どれもブルシット・ジョブです。それは、生産力が高くなりすぎて、意味のない労働でも無理やり作り出さないと、エリートたちが週40時間以上働ける環境を維持できない状態になってきていることの裏返しです。つまり、ケインズの予測がなぜ当たらなかったかというと、資本主義が大量の無意味な仕事を作り出しているからだ、とグレーバーは言うのです。

無益で高給なブルシット・ジョブがはびこる一方で、社会にとって大切なエッセンシャル・ワーカーが劣悪な労働条件を強いられている。これが、資本主義が爛熟《らんじゅく》した現代社会の実態です。やりがいのない無意味な労働も、過酷な長時間労働も、人生を貧しくするという意味では同じです。

要するにこの社会では、給料の違いこそあれ、大部分の人々が労働から疎外されているのです。

自律性を取り戻せ！

しかし、だからといって、人間があらゆる労働から解放され、働かずとも暮らしていける社会になればいい、というわけでもありません。マルクスが求めていたのは、人間の代わりに何でもやってくれる機械やロボットを、私たちがビールでも飲みながら横でぼうっと眺めているような未来社会ではないのです。

というのも、繰り返し見てきたように、彼が何より問題視していたのは、構想と実行が分離され、資本による支配のもとで人々の労働が無内容になっていくことだからです。人間の労働という豊かな「富」を回復するためにマルクスが目指したのは、構想と実行の分離を乗り越えて、労働における自律性を取り戻すこと。過酷な労働から解放されるだけでなく、やりがいのある、豊かで魅力的な労働を実現することです。つまり、ロボットやＡＩで「労働」そのものをなくしてしまおうという発想は、マルクスに言わせれば、問題の所在を取り違えているのです。

マルクスが思い描く将来社会の労働者とは、「全面的に発達した個人」です。ネジを留めるだけ、金儲けをするだけの個人ではなく、構想と実行のどちらにおいても自らの能力を発揮し、一人ひとりが自身の労働力という「富」を活かしながら社会全体の「富」を豊かにしていく。そうすることで、私たちは互いに支え合いつつ、自律的に生きていくための能力や感性を取り戻すことができる――これこそが、疎外の克服だとマルクスは考えたのです。

疎外を克服するために

さらに、ブルシット・ジョブが蔓延している現代社会の状況に鑑《かんが》みて、もう一歩踏み込んで言えば、社会を豊かにする真のイノベーションに必要なのが、疎外の克服ではないでしょうか。

イノベーションは私たちの暮らしを豊かにしてくれる、あるいは便利にしてくれるというイメージがあると思います。けれども、身の回りの冷蔵庫、テレビ、洗濯機のような商品は、半世紀くらいほとんど変化がない。スマホの新機種さえも、もはやそれほど代わり映えしなくなっている。それどころか、冷蔵庫も電子レンジもスマホも、余計な機能ばかり増えています。開発している人たちも、ムダだと感じているに違いありません。

このイノベーションの停滞の一因が、行き過ぎた構想と実行の分離であり、過度の分業なのです。現実の生産者や利用者からかけ離れたところで、資本主義の商品開発のペースに合わせて無理やり知恵を絞り出す行為を繰り返していても、次第にアイデアは枯渇《こかつ》し、小手先の変化ばかりになってしまう。そして、それを正当化し、あたかも大発明かのように宣伝したり、そのような停滞を乗り越えるという名目で広告業やコンサル業というブルシット・ジョブが量産されていきます。

パラダイムシフトをもたらすような真のイノベーションのためには、労働者たち自身が、短期的な業績や成果ばかりが優先される過度な競争から距離を置き、自由にいろいろな発案や大胆な挑戦ができる環境を整備することが必要なのではないでしょうか。よく、みなが平等な社会主義ではイノベーションが停滞するなどと言われますが、その逆の可能性も十分あるのです。

給食を守る取り組み

最後に、構想と実行の分離を乗り越え、労働の自律性を取り戻し、富の豊かさを取り戻した事例として、日本の「給食」における取り組みを紹介したいと思います。このことを教えてくれたのは、農業史研究者の藤原辰史が著した『給食の歴史』（２０１８年）です。

日本の学校給食の歴史は古く、１８８９（明治22）年、山形県西《にし》田《た》川《がわ》郡鶴岡町（現・鶴岡市）の私立忠愛小学校で始まったとされます。給食は、食育《しょくいく》という側面のほかに、貧困対策としても社会的に重要な役割を担っていました。各自が持参する弁当には、家庭の経済事情が如実に現れます。それは栄養不足のみならず、いじめの原因にもなります。給食は学びの平等のために大事な制度なのです。

そんな給食が戦後、政治的に利用されるようになっていきます。アメリカが自国で余っている小麦や脱脂粉乳の販路として、占領下にあった日本の給食に目をつけたのです。給食でパンを食べさせ、子どもたちの味覚を変えれば、継続的に大量の小麦を売りつけることができる。これは一種の「資本による包摂」と言えるでしょう。実際、戦後米の消費量は減り続け、私たちはパンやパスタを好んで食べるようになっていきます。

そうした、資本による食の包摂によって、給食の現場で構想と実行の分離が進んだのは1960年代から。かつては各学校に給食室があり、専門の調理員が手作りで、温かい食事を作っていました。これを「自校方式」と言います。

1961年、学校制度調査会が、「給食の完全実施を進めるためにはセンター方式が最も合理的」と答申して以降、効率化とコスト削減のため、数十校分の給食をまとめて作る「給食センター」が設置されました。調理師や栄養士の数を減らすことでコストカットができるわけです。センター方式の導入は急速に進み、1963年に全国で32カ所だったセンターは、75年には2039カ所にまで増えたのです。

機械化されたセンターで〝生産〟される給食は、調理方法が限定されるため、メニューも限られ、しかもセンターから各校に運ばれる間にすっかり冷めてしまいます。調理作業を合理化するために導入された冷凍・加工食品は、栄養価に難があるだけでなく、添加物が入っていることもあります。効率最優先だから、当然、味は劣ります。

給食センターで衛生上の問題が起きると、食中毒が数十校に広がるというリスクもあります。最近でも、２０２０年に、埼玉県八潮市内全15カ所の小中学校の児童・生徒・教員およそ７０００人のうち半数に近い３４５３人が食中毒の症状を訴える事件が起きていますが、ここもセンター方式の給食でした。

効率を優先したセンター方式は、各校の給食室から構想を奪い、料理をするという実行も剝奪して、運ばれた給食を配るという単純作業に閉じ込めました。その結果、味や安全という使用価値も劣化していったのです。

けれども、センター化の流れに抵抗し、自校方式で子どもたちの食と、食を通じた自治を守ってきた事例もあります。自校方式を採った学校では、給食の栄養管理を行う職員を独自に配置。栄養価や味を大切にするだけでなく、郷土料理などを採り入れながらメニューを多様にしたり、地元の有機農家と連携して地産地消の豊かな給食作りを目指すなど、食育や地域振興にも配慮したケースもあります。

もちろん、地産や有機にこだわると時季によって使える食材が限られてくるので、栄養士や調理スタッフには相応の知識と柔軟性が求められますが、そんな給食を楽しみに待つ子どもたちの姿は、働く人々のやりがいにつながっているはずです。

機械化され、マニュアル化された資本主義的生産方式のセンター給食によって失われたものの大きさと、自校方式が実現した食の豊かさのコントラストは、私たちが将来社会のために選択すべき道を示しています。

若きマルクスが求めたように、「人間的および自然的存在の富全体に適応した人間的感覚」を取り戻しましょう。そのためには、資本の専制と労働の疎外を乗り越え、労働の自律性と豊かさを取り戻す「労働の民主制」を広げていく必要があるのです。

けれどもそのためには、労働の疎外を克服するだけでは十分ではありません。自然からの疎外も克服しなければならないのです。次章ではこの点を見ていきましょう。

第4章

緑の資本主義というおとぎ話

資本の掠奪欲は自然にも及ぶ

資本主義のもとで人間の「労働」がどのように歪められていくのかを、第2章、第3章で詳しく見てきました。この章では、現代資本主義のもう一つの大きな問題、環境危機について考えていきたいと思います。そのためにここでもう一度、マルクスの「物質代謝論」に戻りましょう。

人間は、絶えず自然とやりとりしながら生を営んでおり、その〝働きかけ〟が、すなわち人間の労働でした。ところが、資本主義のもとで労働が価値増殖のために行使されるようになった結果、人間の労働力は粗雑な扱いを受けるようになったのです。

労働が歪められれば、当然、人間の側だけでなく、自然の側にも様々な問題が生じることになります。実際、「人間の労働力の寿命を問題にしない」（281）資本は、自然の寿命もまた顧慮しないということは容易に想像できますよね。

にもかかわらず、マルクスは将来の技術革新の可能性についてとても楽観的で、環境問題も技術で解決できるとして環境問題にまったく注意を払わなかった、と繰り返し批判されてきました。けれども、物質代謝論を議論の下敷きにすると、マルクスが資本主義と自然の関係を視野に入れていた事実が違和感なく浮かび上がってくるようになるのです。

実際に、近年ではマルクスの環境思想を裏付ける新資料も刊行されています。そうした研究をもとにして、本章では、資本主義が引き起こす環境問題について考えてみましょう。

「資本新世」の理不尽な不平等

最近やっと日本でも報道が増えてきたように、グローバル資本主義の暴走が引き起こした世界的な環境破壊は極めて深刻な状況にあります。例えば、１９９０年以降人類が使用した化石燃料の量は、それまで人類が消費してきた量の半分に相当します。そのような化石燃料の大量消費が気候変動を引き起こしている。パキスタンの大洪水、カリフォルニアの山火事、アフリカの干ばつ、氷河や氷床の融解にともなう海面上昇。日本でも梅雨時の集中豪雨や台風の巨大化など、気候変動の影響は無視できなくなっています。

また、肉食中心の生活が過剰な森林破壊を引き起こし、生物多様性が失われています。そのことが新型ウイルスのパンデミックの原因にもなったことは、多くの科学者たちが指摘している通りです。

今や環境破壊は取り返しのつかないところまで来ています。資本主義が地球のあり方を根本から変えてしまった事態を強調するために、地質学の概念を用いて、「人新世《ひとしんせい》」どころか、「資本新世《しほんしんせい》」と呼ぶ研究者もいるほどです。

資本新世の世界には、当然、大きな不平等が存在します。地球全体を掘りつくして商売の道具にしてしまう資本主義のツケを払わされるのは、未来を担う若い世代や発展途上国で暮らす貧しい人々だからです。プライベートジェットや豪華クルーズ船を乗り回す超富裕層は、自らが環境危機の大きな原因でありながら、その責任を果たしていません。彼らは、自分は安全だと思っているのかもしれません。

だとすると心配になりますよね。このまま資本主義に人類の未来を委ねておいて、本当に大丈夫なのかと。資本主義がすばらしい新技術を次々と開発して、地球を救ってくれるのでしょうか。

「大洪水よ、我が亡き後に来たれ！」

マルクスにとってエコロジカルな着想の源泉となったのが、同時代にミュンヘン大学で教えていた化学者ユストゥス・フォン・リービッヒが著した『農業と生理学への応用における化学』（通称『農芸化学』第7版、1862年）という本です。

近代農業が、できるだけ多くの収穫（利潤！）を得るために短期間で土壌の養分を奪い去り、しかも土壌に養分を補充しないのは〝掠奪《りやくだつ》〟行為だと、リービッヒは厳しく批判しました。そして、そのような農業経営が続けば国の根幹である大地が疲弊し、文明は衰退すると警鐘を鳴らしたのです。かつて「化学肥料で問題解決」と楽観的な主張をしていた有名化学者のこの〝改心〟は、当時の世界に大きな衝撃を与えました。

マルクスも例外ではありません。リービッヒの掠奪農業論に感銘を受けたマルクスは、この本について非常に丁寧な研究ノートを作成しました。そして『資本論』でも、自然の濫用《らんよう》から生じる土壌疲弊が、やがて社会の物質的基盤を脅かすようになると警告しています。

> 同じ盲目的な掠奪欲が、一方の場合に土地を疲弊させ、他方の場合には国民の生命力を、その根幹から襲った。（253）

資本による掠奪の問題を掘り下げ、「土地」の疲弊と「生命力」の消耗は同源であると指摘しているのがわかるでしょう。どちらも元凶は、際限のない増殖を目指す資本の「盲目的な掠奪欲」であると断じているのです。

さらに、資本主義的農業経営を支える大土地所有について分析した『資本論』第1巻第13章「機械と大工業」の一節では、こうした掠奪が人間と自然の物質代謝を「攪乱」し、「都市と農村との対立」を生むことも示唆しています。

> 資本主義的生産は、それが大中心地に集積させる都市人口がますます優勢になるにつれて、一方では、社会の歴史的原動力を集積するが、他方では、人間と土地とのあいだの物質代謝を攪乱する。すなわち、人間により食料や衣料の形で消費された土地成分の土地へ帰ることを、したがって土地肥沃度の持続の永久的自然条件を攪乱する。こうして資本主義的生産様式は、都市労働者の肉体的健康と農村労働者の精神生活を同時に破壊する。（528）

できるだけ早くたくさん儲けたい資本による農業生産は、無茶な連作（毎年同じ作物を作ること）に走ります。しかし、植物が吸い上げた栄養を土壌が再び回復するには時間がかかります。資本主義は加速していきますが、自然のサイクルは変わりません。こうして、資本の時間と自然の時間には大きな乖離が生じるのです。その帰結は土壌疲弊です。土地は痩せ細り、収穫は減ってしまう。

マルクスは土壌疲弊以外にも、林業を例にこの問題を取り上げています。樹木は生育するのに何十年もかかります。けれども資本主義は、木が育つまでの何十年という長い時間を待つことができないので、次から次へと森林を伐採していく。しかもそのペースは技術革新によってますます速くなっていくし、資本の力は奥地にまで及ぶようになっていく。

こうして荒地が広がっていくわけです。

　土壌疲弊も森林荒廃も、その責任を資本は取りません。自然の時間に合わせることができない資本は、作れるだけ作って「商品」として売り払い、あとは野となれ山となれ。「大洪水よ、我が亡き後に来たれ！」(285)が資本家のスローガンです。「商品」の消費地である都市の生活はそれで豊かになりますが、その裏で、地方は土壌疲弊や景観破壊というツケを払わされ、生活が貧しくなっていきます。

　ただし最後の一文が指弾する通り、「商品」の恩恵を受けている都市でも、労働者は資本に強いられる長時間労働で肉体的健康を破壊されていく。結局のところ資本主義は富を貧しくしていく、とマルクスは言っているのです。

修復不可能な亀裂

　マルクスは19世紀の土壌疲弊の問題を中心的に取り上げていますが、今日でも化石燃料やレアメタルの採掘、むやみなアマゾンの熱帯雨林の破壊という形で、自然からの掠奪は形を変えて続いています。

　19世紀の産業都市が地方の農村にツケを払わせたように、先進国の放埓《ほうらつ》な生活は、その代償を途上国や新興国に押し付けています。環境破壊のツケを将来世代に押し付ける態度はまさに「大洪水よ、我が亡き後に来たれ」。これを「外部化」といいます。

ブラジル国内のアマゾンの森林やセラードと呼ばれる草原地帯の多くは、急速なペースの樹木の伐採や整地により、牧草地や農地に姿を変えています。なぜでしょうか。先進国の食卓にのぼる、輸出用の牛やその飼料を生産するためです。あるいは、スマホやパソコンには、南米やアフリカで産出される大量のレアメタルが使われています。しかも、しばしば奴隷労働や児童労働のような人権侵害を伴って（現代には５０００万人もの奴隷状態の人々がいるとＩＬＯ〔国際労働機関〕は推計しています）。

もちろん、日本でも外部化は行われています。例えば、日本は世界第二の木材輸入国として、膨大な木材をフィリピン、マレーシア、インドネシアといった東南アジア諸国、あるいはシベリアから輸入してきました。ここでの矛盾は、日本の国土の約7割が森林で、杉や檜《ひのき》が伐採されず山が荒れ放題になるくらい、森林資源に恵まれているにもかかわらず、安い木材を海外から大量に輸入し、国内の林業を衰退させていることです。そして、安いからという理由で、わざわざ二酸化炭素を排出しながら大量に輸入し、他国の森林を破壊してきたのです。

こうしたやり方は持続可能ではありません。むしろ、人間と自然の物質代謝は、地球規模で大きく歪められていきます。そのような事態を予測して、『資本論』第3巻の草稿のなかでマルクスは、「物質代謝の亀裂」について次のように書いています。

> 大土地所有は、社会的な物質代謝と自然的な、土地の自然諸法則に規定された物質代謝の連関のなかに修復不可能な亀裂を生じさせる諸条件を生み出すのであり、その結果、地力が浪費され、この浪費は商業を通じて自国の国境を越えて遠くまで広められる（リービッヒ）。

資本主義の終わりなき運動は、一部の国の一部の人たちが有利になるような独占的な形（＝「大土地所有」）で、世界中を商品化していきます。グローバル化の結果、一国内の「都市と農村の対立」は、国境を越えて拡大していくのです。しかし、資本主義は価値の増殖を「無限」に求めますが、地球は「有限」です。資本は常にコストを「外部化」しますが、地球が有限である以上、「外部」も有限なのです。

ソ連崩壊後、資本主義のグローバル化がますます加速したことで、環境危機もグローバル化し、この危機と無関係でいられる場所は、地球上にはもはや残っていないというところまできています。事実、日本のような先進国でも、気候危機の影響は、スーパー台風や酷暑《こくしょ》として確実に現れてきています。「物質代謝の亀裂」は、取り返しのつかないところまで深まってきているのです。

「複雑さ」の破壊

人間と自然との物質代謝は、本来、円を描くように営まれる循環的な過程です。しかし資本の運動は常に一方的。労働者や自然から一方的に奪い、そのコストも、一方的に外部に押し付けようとします。

ただし、現実の生態系システムは複雑に絡み合っているので、どこか1カ所に不具合が生じると、連鎖して、あちこちに不具合が生じてしまうことがある。ところが、資本主義は、そうした複雑さや相互連関には無関心です。貨幣というのは、あらゆるものに値札をつけることで、すべてを比較可能で交換可能なものにしてしまいます。それは便利でもありますが、そのような単純化はしばしば極めて暴力的なものとなります。本来、比較不可能な富や使用価値を、価値という1つの抽象的な尺度で測ってしまうのですから。

生態系の相互連関と資本の価値増殖過程は、まったく異なる論理で営まれているので、2つの過程の間に大きな乖離が生じてしまうのは避けられません。ありとあらゆるものを商品化し、商品の「価値」という一面にのみ注目して動く資本の〝単純〟化された論理では、人間を含めた生態系の〝複雑〟な過程を捉えることはできないのです。

それは私たちも同じです。コスパにうるさい私たちは、ステーキ肉やパソコンの値札は必死に見ていますが、暮らしを彩る様々なモノの〝本当のコスト〟を見ていません。どうやってその牛肉が作られたか、その過程でどれくらいの温室効果ガスが排出されたか、なんて関心をもたないわけです。

まさにそのような単純化こそが、加速的な資本蓄積の前提にさえなっています。しかし、それが物質代謝の「亀裂」による環境危機を生み出し、現在の状況は「見えない」、「知らない」では済まされないところまできているのです。

誤解してほしくないのですが、資本主義に私たちの生活を豊かにする側面があったことは、マルクスももちろん否定していません。しかし、利益をあげるためだけに、これからもやみくもに生産力を高めていくだけなら、地球という人類の共有財産を、将来にわたって管理していくことに対する大きな足枷《あしかせ》になるということです。

この点について、『経済学批判』（１８５９年）の有名な一節で、マルクスは次のように述べています。

> 社会の物質的生産力は、一定の発展段階に達すると、そのうちでそれが今まで動いてきた既存の生産関係、あるいは、その法的表現にすぎない所有関係と矛盾するように

> なる。これらの関係は、生産力の発展形態からその桎梏《しっこく》へと転化する。この時、社会革命の時代が始まる。（全集第13巻6頁）

　資本主義のもとでは、地球環境を破壊することなしに、もはや生産力をこれ以上発展させることができません。私的所有と利潤追求のもとで掠奪を繰り返すシステムでは、誰のものでもない地球環境を、持続可能な形で管理できなくなっているのです。これが、資本主義がさらなる社会の発展にとっての「桎梏」となっている状態です。

　それゆえ、人間と自然の物質代謝のあいだの「修復不可能な亀裂」が文明を破壊してしまう前に、革命的変化を起こして、別の社会システムに移行しなければいけない、と、マルクスは考えたわけです。

自然の包摂は止まらない

　ただし、そのような「桎梏」に直面しても、資本主義は止まりません。むしろ資本は、見せかけの環境対策をしながら、自然の商品化をさらに進めていきます。前章では、労働が資本のもとへと包摂されていくことで労働者たちの持っている能力が解体されていく過程を見ました。同じようなことは農業でも、現在進行形で起きています。

例えば、20世紀になると、土壌疲弊を乗り越えて、農業の生産性をさらに上げるために、化学肥料や農薬が大量に使われるようになります。現在の日本では、有機栽培は農地全体の０・６％しかなく、要するに、化学肥料や農薬が必須の生産条件になっているわけです。もちろん、農家は自分たちで化学肥料や農薬を作ることはできないので、商品として買う必要が出てきます。こうして、大企業が提供する技術や商品に、一般的な生産者が依存するようになっていきます。

とはいえ、生産力を上げようとして化学肥料に頼りすぎると、土壌の保水力が下がって、疲弊が早まることになります。また、農薬を使いすぎると、植物は病気になりやすくなったり、農薬に耐性を持つスーパー雑草が登場してきたりします。

１つの亀裂を乗り越えるために、ますます多くの肥料や新たな農薬が必要になり、それがまた別の亀裂を産むという悪循環になっていきます。しかし、これこそが、資本にとっては新たなビジネスチャンスにもなるのです。

畜産業におけるホルモン剤、抗生物質などでも同じです。より早く育てたい、より多くの肉を得たい、そういった資本の観点から、生産過程の再編は進んでいく。行き過ぎた工業型畜産によって、動物たちの生育環境は悪化し、水質汚染や感染症、景観破壊につながってきました。

それでも、資本主義は止まりません。生産性をさらに上げようとしていくなかで、自然そのものに介入していく度合いは近年ますます高まっています。遺伝子組み換え、ゲノム編集、培養《ばいよう》肉などのバイオテクノロジーは今後、農業や畜産業に大きな影響を与えるようになっていくでしょう。

けれども、利益を優先して、自然のあり方そのものを変えてしまうような技術を本当に受け入れていいのかは、議論の余地があります。そのような最新の技術開発を行うことができるのは大企業だけであり、食という命の根幹を数社が独占してしまうような未来は避けなければなりません。

今、日本の農業人口は、高齢化もあって急速に減っています。２０００年に日本の農業従事者は約２４０万人でしたが、今や１４０万人を切るまでになっています。こうした事態も農業の工業化に拍車をかけています。

今後スマート農業によって、ドローンの利用のような機械化・自動化はさらに進んでいくことになるでしょう。センサーやカメラ、自動制御システムを導入することで、農作物や家畜の生育環境の計測、管理設備の制御を自動化していくわけです。

さらに、ＩｏＴ機器で取得したデータを蓄積・分析して、栽培に必要な技術・知識・判断などが数値化されていくでしょう。そうすることで、知識や経験に頼らない再現性のある生育管理体制を構築して、経験のない学生バイトや外国人技能実習生を中心とした農業の「非熟練化」が進んでいくことになります。前章で見た、工場でのテイラー主義の浸透と同じです。アメリカで最大の農場経営者が、マイクロソフトの創設者であるビル・ゲイツであるのは、偶然ではないのです。

スマート農業を開発・導入するためには、それなりの規模の資本が必要となります。これまでの小規模農家は淘汰されていき、伝統的な知識や経験は解体され、大規模農業への集中が進んでいくことになるでしょう。

仮に、農業の工業化によって生産効率が大きく上がり、「稼げる」ようになったとしても、それが持続可能なものになるかは別問題です。北米や南米の状況を踏まえればむしろ、利益優先のアグリビジネス（農業関連産業）のやり方が広がっていくことで農業における格差が広がるとともに、「物質代謝の亀裂」が深まっていく可能性が高いのです。

エコロジーへの傾倒

こうした問題意識を理解すると、なぜマルクスが自然科学分野の知見を猛勉強していたかもすんなりと理解できるはずです。実際、リービッヒを入り口とした農芸化学から植物学、地質学、鉱物学に至るまで、驚異的なまでに幅広い分野をマルクスは射程に入れていました。

とはいえ、マルクスの自然科学研究は、つい最近まで研究すらされずに長年無視されてきたのです。それがなぜ知られるようになってきたかというと、新たな『マルクス・エンゲルス全集』の刊行を目指す「ＭＥＧＡ《メガ》」(*Marx-Engels-Gesamtausgabe*)という国際プロジェクトが進められているからです。

ＭＥＧＡはもともとソ連と東ドイツで始まったプロジェクトですが、１９９０年代以降は各国から多くの研究者が参加し、最終的には１００巻を超えるという大規模プロジェクトです。既刊の著作のみならず、草稿やマルクスが書いた新聞記事、書簡、メモ書きもすべて網羅することを目指していますが、なかでも特に重要なのが、ＭＥＧＡ第４部で初めて刊行される膨大な量の研究ノートです。

マルクスには、研究分野の文献を読む際、必要だと思う箇所を徹底的に抜き書きする習慣がありました。ベルリン大学で学んでいた19歳のときに、父のハインリッヒ・マルクスに、「あらゆる読んだ書物から抜粋をつくる習慣を身につけた」と報告しています(１８３７年11月10日付の手紙)。マルクスは生涯にわたってこの習慣を守りました。

筆者はＭＥＧＡの第４部第18巻の編集を担当しましたが、ＭＥＧＡでまとまった形で刊行されたのが、これらの自然科学研究ノートです(**写真**)。このノートを読むと、マルクス

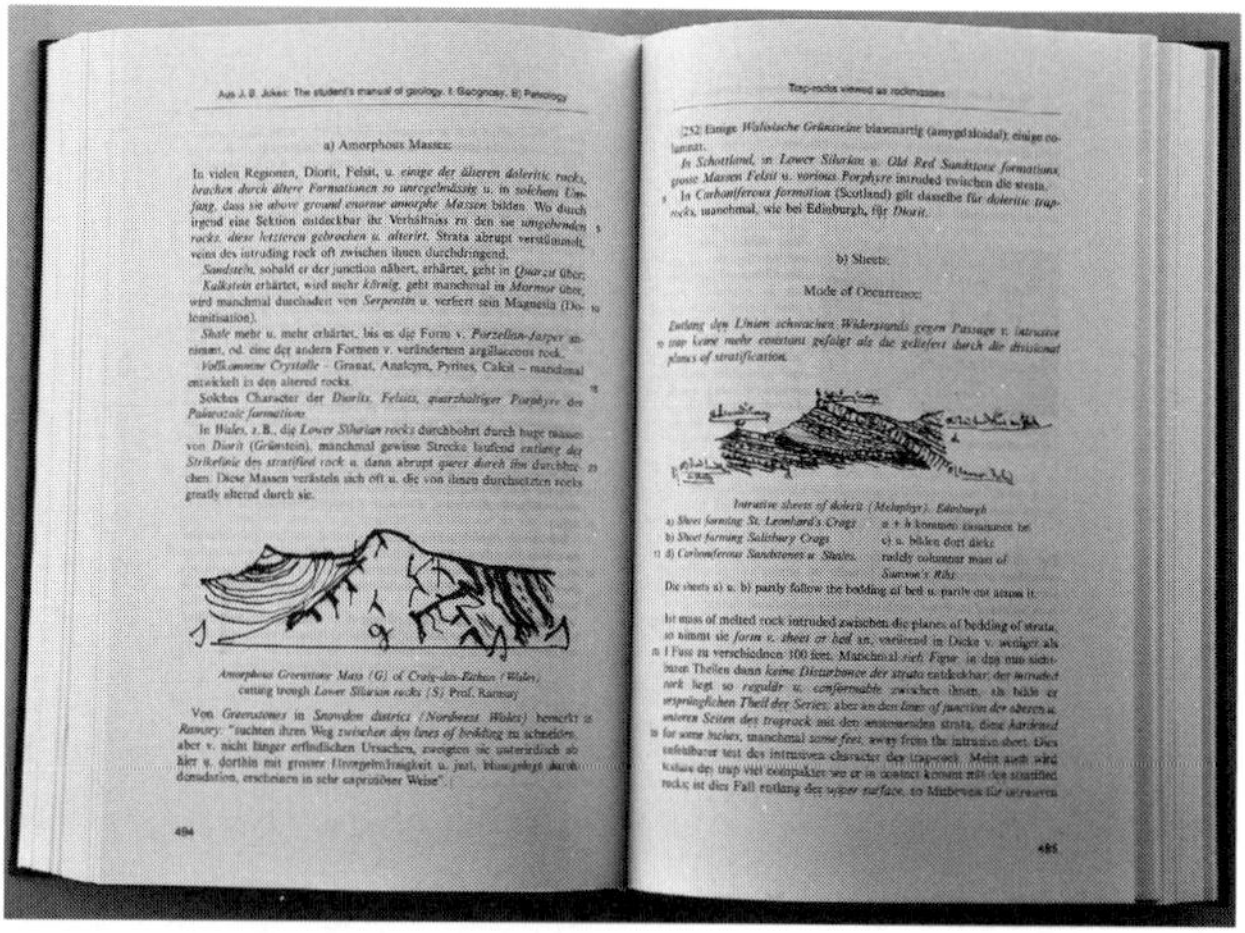

が土壌疲弊問題に加えて、森林の過剰伐採や石炭資源の枯渇、さらには品種〝改良〟によって動物たちが病気にかかりやすくなっている現状にも強い関心を寄せていたことがわかります。例えばマルクスは、羊の健康を脅かす、人間にとっての有用性しか考えていない品種改良について、「吐き気がする！」と

地質学研究ノートの手稿。マルクスが科学の研究に傾倒していたことがわかる（撮影：成清徹也）

嫌悪感を露《あら》わにしています（詳しくは、拙著『大洪水の前に』を読んでみてください）。

これはある意味で衝撃的な事実でした。なぜならこれまで、マルクスの関心事には、自然そのものに価値を認める環境思想や環境倫理は存在しない、と非難されてきたからです。彼は生産力至上主義者――つまり、生産力さえ上げれば、環境問題や貧困問題など大抵の社会問題は解決できるという素朴な考え方をしていたと、繰り返し批判されてきたのです。

ところが抜粋ノートを調べてみると、むしろ、資本主義のもとで自然からの掠奪が深まっていく過程に仔細に注意が払われています。そうした知見をもとにして、『資本論』第３巻の草稿においてマルクスは、資本主義では物質代謝の亀裂が「修復不可能」であると断定したのでした。

さらに、『資本論』刊行後の１８６８年以降のノートを見ると、過剰な森林伐採によって気候の変化が起こり、土着の農業と文明が崩壊したと指摘するドイツの農学者、カール・フラースの著作に大きな影響を受けていることがわかります。そして、自然からの掠奪を批判し、「持続可能」な森林との付き合い方を求めたフラースの主張に、マルクスは「無意識的な社会主義的傾向」を見出しました。リービッヒやフラースのような科学者たちは持続可能性の問題を考えるなかで、資本主義の無限の価値増殖に制約をかけ、より合理的な計画性をもとにした生産体制への移行を求めるようになっていたのです。

こうした最新の自然科学の議論に刺激を受けて、晩年のマルクスは、来たるべきポスト資本主義社会の姿を、地球環境の持続可能性の問題とからめて構想しようとしていました。これを近年では、「環境社会主義（ecosocialism）」と呼びます。単に人々の経済的平等だけでなく、自然との物質代謝の合理的な管理を目指すのが環境社会主義です。そしてこの環境社会主義が、資本主義に起因するグローバルな環境危機の時代に、再評価されるようになっているのです。

『資本論』に編まれなかった晩年の思想

アソシエートした生産者が、盲目的な力に支配されるように自分たちと自然との物質代謝によって支配されることをやめて、この物質代謝を合理的に規制し、自分たちの共同的な制御のもとに置くということ、つまり最小の力の消費によって、自分たちの人間性に最もふさわしく、最も適合した条件のもとでこの物質代謝を行うこと
マルクスは『資本論』第3巻の草稿にこう綴っています。資本主義に代わる新たな社会

において大切なのは、「アソシエート」した労働者が、人間と自然との物質代謝を合理的に、つまり、短期的に食い潰してしまうのではなく、長期にわたって持続可能な形で制御することだ、と。

アソシエートするとは、共通の目的のために自発的に結びつき、協同するという意味です。その中身については次章以降で詳しく見ていきますが、この引用にも、「環境社会主義」的な視点が入っていることがはっきりとわかるでしょう。

しかし、「どうやって」それを具現化し、「亀裂」を修復するのかについては、『資本論』には具体的に書かれていません。私も大学一年生の冬休みに意気揚々と『資本論』に挑んでみたものの、未来社会の姿について全然説明がなくて、肩透かしをくらったのを今でもよく覚えています。

なぜ書かれていないのか。その理由の一つは、『資本論』が〝未完〟だからです。『資本論』第1巻が刊行されたのは1867年。その後、さらに研究と思索を深めながら、15年がかりで第2巻の草稿を第8稿まで書いていますが、結局完成させることができないまま、マルクスは亡くなってしまいました。

それでも、第8稿まで7回も書き直した第2巻は、かなり完成に近づいていました。一方、並行して執筆していた第3巻のまとまった草稿は、1864年から65年にかけて、第

1巻を刊行する前に書いたものしかありません。第1巻については、初版刊行から5年ほどして第2版とフランス語版を出し、1868年以降の新たな知見を踏まえて、さまざまな変更を加えていますが、そのなかに盛り込まれた内容も、晩年の思索のほんの一部にとどまります。

実は、現在、私たちが翻訳で読むことができる『資本論』全3巻は、マルクスの没後に盟友エンゲルスが必死になって遺稿を編集して刊行したものです。そして、これを私たちは1つの完成形として読んできたわけですが、これは、全3巻を1つの完成した著作としてスムーズに読めるよう、まだ議論が粗削りな部分にエンゲルスが〝ヤスリ〟をかけて仕上げたものなのです。

マルクスの死後に『資本論』全3巻を刊行したエンゲルスの功績がとても大きいことは間違いありません。彼の血の滲《にじ》むような努力がなければ、初版がわずか1000部だった『資本論』がこれほど読まれることはありませんでしたし、マルクス主義の思想が世界中に広がることもなかったでしょう。

しかし、エンゲルスが「マルクス主義」を体系化しようと努力すればするほど、晩年のマルクスが格闘していた未解決の論点や、マルクスの新しい問題意識が見えにくくなってしまったのも事実です。なぜなら、そうした新しい洞察はマルクス自身の構想に大きな変容を迫るもので、到底、残された『資本論』草稿の内容に収まるようなものではなかったからです。

では、そうした、『資本論』に入れることができなかったアイデアとはどのようなものだったのでしょうか？ そして、マルクスが『資本論』では答えることができなかった、「修復不可能な亀裂」を修復するための、未来社会のビジョンとは？ この点についての明確な答えが、今こそ求められています。つまり、21世紀のコミュニズム論が必要なのです。

けれども、マルクスの資本主義「批判」には共感しても、コミュニズムを目指す試みに対しては、「ソ連の失敗を繰り返すだけじゃないか」と懸念を抱く人も多いでしょう。そこでまずは次章で、過去の過《あやま》ちを繰り返さないためにも、ソ連や中国といった「社会主義」の問題点を明らかにしておきましょう。

第5章　グッバイ・レーニン！

富の豊かさを取り戻すために

本書ではここまで、物質代謝論を軸として資本主義の問題点について考えてきました。資本主義は放置すれば、社会の富も、自然の富も掠奪して、破壊してしまう。その現れが、現代の格差問題であり、気候危機なのです。

そこで以下の2章では、このような困難な時代に、富の豊かさをどうやって取り戻すことができるのかを考えてみたいと思います。

その際にまず確認しておかなければならないのが、富の豊かさを取り戻すために、マルクスは一貫して、資本主義を超えた社会を構想していたという点です。つまり、資本主義の内部で、単に税金を上げて再分配をしたり、労働者の給料を上げたりするだけではダメだというのです。

よく知られているように、資本主義を超えた社会を、マルクスは「コミュニズム」とか、「社会主義」と呼んでいました（マルクスは2つの名称を特に区別せずに使っています）。このような大胆な考え方こそがマルクスの魅力であり、同時に、彼の思想が危険視されてきた理由でもあるのです。

では、富の豊かさを取り戻すコミュニズムとはどのような社会なのか、この点を明らかにすることが、最終章に向けての課題となります。

保守化とコスパ思考

とはいえ、「資本主義には問題点があるから、コミュニズムを目指そう」と言われても、資本主義は絶対に変えられないと感じる人の方が圧倒的多数でしょう。だから、資本主義を批判することにエネルギーや時間を費やすのは、コスパが非常に悪く、不合理だと感じてしまうかもしれません。

非現実的なことを空想して現実に文句を垂《た》れ、デモとか労働運動をするくらいなら、この社会で少しでも年収を増やし、スキルアップして転職するために時間やお金を使った方がいいと考える人の方が多いでしょう。

実際、自分の会社がどうなるか、定年まで勤め上げても年金がもらえるかもわからない。日本経済もそもそも大丈夫なのか。こんなふうに、将来に大きな不安があるのだから、なおさら自分だけはなんとかして生き残らないといけないと、プレッシャーを感じてしまうのもわかります。

そして、そんな不安にも、つけ込んでくるのが資本主義です。それが、投資です。ＮＩＳＡやｉＤｅＣｏの名前を聞いたことがある人、あるいは、実際にやっている人も多いのではないでしょうか。

つみたてＮＩＳＡは少額投資非課税制度で、毎年一定金額の範囲内で購入した金融商品から得られる利益が非課税になる制度です。今は毎年40万円まで20年間非課税です（「新しい資本主義」の目玉はこれを無期限にすることです）。一方、ｉＤｅＣｏは積立年金運用制度で、原則として60歳までお金はおろせませんが、積み立てた額がそのまま所得から控除されます。普通に銀行口座で老後の資金を貯めておくよりも、ＮＩＳＡやｉＤｅＣｏで貯めた方が、投資で元金が増える可能性もあるし、節税にもなるというわけです。どちらも、「老後資金は２０００万円必要」という、一時、話題になった金融庁のレポートと口裏を合わせたような制度ですよね。

要するに、これからの時代、私たちは老後を生き延びるために、「投資家」であることを求められるということです。国は、年金や医療費負担によってあなたの生活を保障することがもはやできないから、あとは自己責任で投資をしてください——というわけです。

実際、つみたてＮＩＳＡをきっかけにして追加の小口取引を始めれば、あなたも立派な「投資家」の仲間入りです。私たちはこうして、毎日株価を気にするようになり、ずっと株高が続いて欲しいと願うようになります。自分が保有する銘柄の株価を毎日何度もチェックしたり、マーケットの動向を勉強するようになるでしょう。

こうやって、私たちは保守的になって、自分の老後がかかっている株価が暴落しないよう願い、資本主義の繁栄がいつまでも続いて欲しいと願うようになるのです。それゆえ、大胆な再分配政策をするために、金融所得税を引き上げたり、自社株保有を制限したりするような政策は、不人気になっていきます。むしろ株高になるような政策、例えば、法人税の減税や金融市場の制限緩和を積極的に支援するようになる。

けれども、そのような政策を選択したところで、大きく得をするのは大株主や大企業ばかりで、小口投資家ではありません。私たちが数十万円ほどの控除で喜んでいる間に、何千万円、何億円も得している人々がいるのですから。

それでも、投資活動を通じて、自らも資本家としての考えを内面化し、振る舞うようになるのです——現実には、自分はただの労働者である、ということを忘れて。経済学者の西部忠《まこと》は、それを「自由投資主義」と呼び、警鐘を鳴らしています。

自由投資社会では、私たちは、すべての行為や選択を「投資」とみなすようになっています。そのような社会の帰結は、究極のコスパ社会です。結婚のコスパ？　子育てのコスパ？　文化のコスパ？　民主主義のコスパ？

当然、人生におけるほとんどの行為は資産形成にはつながりません。それゆえ、コスパ思考を徹底させていけば、コミュニケーション、文化、政治参加、世の中の多くの活動は無駄なものとみなされるようになり、コミュニティや相互扶助は衰退し、社会の富はどんどん痩せ細っていきます。

人生のコスパを突き詰めれば、「いきなり棺桶にはいるのが一番いい」と養老《ようろう》孟《たけ》司《し》は皮肉っていますが、究極的には、生きる意味などなくなってしまうのです。資本主義による「魂の包摂」ここに極まれり、というわけです。

「コミュニズム」に対するイメージ

マルクスの時代には、ここまでの資本による「魂の包摂」は起きていませんでした。けれども、現代日本で起きていることが、マルクスの考えていた資本主義批判の延長上にあるのがわかるでしょう。

これほどまでに「魂の包摂」が進んでしまうと、マルクスが掲げていた資本主義を超えた社会を思い描くのは、とても困難になってしまいます。「資本主義の終わりを想像するよりも、世界の終わりを想像する方が簡単である」とアメリカの文芸批評家フレドリック・ジェイムソンは嘆いています。左派でもそのような状況なのですから、多くの人が、とにかく資本主義のなかでうまく生きるしかない、と感じるのは当然でしょう。

実際、資本主義を超えた社会を構想する力は失われ、想像力は貧しいものになっています。実際、読者のみなさんは、「コミュニズム」や「社会主義」という言葉を聞くと、ソ連や中国、キューバや北朝鮮を思い浮かべるのではないでしょうか。

たしかにそうした国々では「共産党」や「労働党」が権力を握っていますし、しばしばマルクス主義の理論を使って自らの改革や政策を正当化しています。実際、少なからぬ日本のマルクス主義者たちもソ連を支持してきたし、今でも中国を社会主義（に向けた一歩）とみなす専門家もいます。でも、独裁とか、処刑とか、飢饉とか、ネガティブなイメージも多いですよね。

以下では、そのような懸念を深刻に受けとめて、その上で、ソ連や中国を「社会主義」とみなす考え方を批判し、マルクス＝レーニン主義に永久の別れを告げたいと思います。なぜなら、それではマルクスの「コモンの再生」という未来社会のプロジェクトは全然理解できなくなってしまうからです。どういうことか、早速見ていきましょう。

ソ連とコミュニズムは別物

そもそも、資本主義社会の問題を乗り越えた社会が中国やソ連だと言われても、それを魅力的に感じる人はほとんどいないのではないでしょうか。むしろ日本やアメリカでの暮らしの方がずっといいと感じるはずです。もちろん、私もそうです。

にもかかわらず、「コミュニズム」と聞くだけで、あたかも私がソ連や中国を賛美しているかのように誤解する人や、ソ連が失敗したのでマルクスは間違っていたと断言する人がいます。NHKの番組「欲望の資本主義2022」で私が対談したチェコの経済学者トーマス・セドラチェクも、マルクスの考えていた「コミュニズム」とソ連は違うと私が何度繰り返し説明しても、どうしても両者をごっちゃにしてしまうので、驚きました。

もちろん、そうした誤解のもとには、ソ連という歴史的体制が持つインパクトの強さがあるのでしょう。ソ連の悲劇は二度と繰り返さないように、マルクス主義者がしっかりと向き合わなければならない問題です。ただし、ソ連が失敗したからといって、マルクスの思想が全否定される必要がないのも事実です。なぜなら、両者には大きな違いがあるからです。

民主主義の欠如

では、現存した歴史上の社会主義とマルクスのコミュニズムはどう違うのでしょうか。

たしかに、ソ連においては、最低限の医療の保障、教育や保育の無償化、諸個人の最低限の生活の保障（家賃・日用品の低価格、公共交通機関の低料金）のような措置が取られていました。労働時間も短く、賃金や社会進出については、ジェンダー平等も一定程度は実現されていた（「あなたのセックスが楽しくないのは資本主義のせい」なんて議論も）。これらだけを取り出してみれば、ソ連では何らかの「社会主義」が少なくとも部分的には実現していたように見えるし、こうした措置は必ずしも悪いものではありません。

　それでも、人々がソ連や中国の社会主義について否定的な印象を持つ大きな理由の一つが、民主主義の欠如です。「社会主義」と呼ばれる国々では、共産党の一党独裁がしかれており、それが深刻な被害をもたらしてきました。

　例えば、スターリンの独裁下で、多くの囚人が集中収容所（グラーグ）で過酷な強制労働に従事させられ、体制批判者が裏切り者として殺されたのは、厳然たる事実です。いや、それどころか、「大粛清」として知られる１９３０年代の大虐殺においては、従順な人たちさえも次から次へと殺されました。スターリンに反対していた共産党関係者のみならず、軍人、学者、文化人、一般市民まで、少しでも目をつけられると、反乱分子やスパイとして片っ端から処刑されたのです。

　犠牲者の数は、統計上だけでも、なんと80万人。しかし実際には８００万人から１０００万人が殺されたと言われています。ホロコーストの犠牲者が６００万人なので、その想像を絶する規模の大きさがわかるでしょう。

　このような、想像を絶するような殺戮劇が可能だったのは、民主主義が欠如していたからです。民主主義がないので、国家の暴力には歯止めが利かなくなり、スターリン崇拝の暴走が多くの国民を殺すという悲劇を産んでしまった。

同じような悲劇は、中国の文化大革命や天安門事件でも起きています。それは、現代の中国共産党による、香港の民主化を求める人々やウイグル人のような少数民族に対する弾圧にも、形を変えてつながっている問題でもあります。民主主義なき一党独裁に、目指すべき未来社会の姿はないのです。

官僚が特権階級になる仕組み

いわゆる「国家社会主義」には民主主義がないので、当然、言論の自由や結社の自由も認められていません。数年前、北京大学では、こんな出来事がありました。

北京大学のマルクス主義の学生サークル「マルクス主義研究会」は、深圳《シンセン》の労働者たちの待遇の悪さに心を痛めていました。そして、マルクス主義者として、労働者たちの待遇改善の要求に連帯を表明したのです。すると、どうなったでしょうか。なんと学生たちはキャンパス内で拘束され、サークルは解散に追い込まれたのです。失踪《しっそう》した学生もいると言われています。

現存する「社会主義」国家では、マルクス主義の理論を使って労働者と連帯することが、非常に危険な行為になっている。これは、もはや皮肉としか言いようがありません。

そもそも、現在の中国を訪れて、社会主義国家だと感じる人がどれくらいいるでしょうか。アマゾンはなくても、アリババがある。グーグルやフェイスブックはなくても、バイドゥやウェイボーがあります。ナイキ、スターバックス、マクドナルドがいたるところにあって、深圳に行けば、完全自動化したハイテク工場で、24時間、電気自動車や精密機械が製造されている。日本やアメリカ以上の資本主義社会のようです。

そんななかで、現代中国に社会主義らしい特徴を見つけようとすれば、銀行、土地、公社などが資本主義社会と比べて、かなり高い割合で国有化されていることくらいではないでしょうか。もちろん、この特徴はソ連にも当てはまります。

そのため、一般的な理解によれば、社会主義はしばしば所有形態によって定義されるのです――資本主義は私有、社会主義は国有というように。つまり、社会主義を打ち立てるためには、労働者階級の搾取をなくして、計画経済を可能にするための国有が肝《きも》になる、とされるわけです。

とはいえ、この社会主義の定義は非常に問題含みです。なぜなら、生産手段の国有化は、労働者たちを解放しないからです。

国有化された場合、誰が社会全体の生産を計画するのでしょうか。労働者？　いえ、そんなことはありません。現実には、社会全体を見渡すことができる党と官僚ということになります。資本家の代わりに、官僚が生産の意思決定権を握っている。そして、彼らの指令のもとで、労働者は働くことになるのです。

そうすると、どうでしょうか。労働者たちの視点から見れば、資本家と官僚、民営企業と国営企業という違いはあれど、結局、他人の指揮・監督のもとで働かされるという点では大きな違いはないのです。

しかも、国営企業が大きくなり、その数が増えるほど、官僚が持つ権力は巨大なものになっていきます。アメリカなど西側諸国との競争に打ち勝って社会主義を建設するという大義のもとに、官僚は、労働者たちの剰余労働を吸い上げて、新部門への投資を行っていく。この過程を通じて、官僚は特権階級になるのです。

こうして、党と官僚の支配は絶対化されていくとともに、市民や労働者の力は弱まっていき、民主主義も脅かされてしまいます。生産手段の国有化によって計画経済を導入しようとする試みが独裁を生むのは、けっして偶然ではないのです。

ソ連、崩壊

要するに、現存した「社会主義国家」とは、資本家に取って代わって、官僚が労働者の剰余価値を搾取していく経済システムにすぎません。だから、マルクス経済学者の大谷禎《てい》之介《のすけ》は、ソ連を「国家資本主義」と呼んでいます。

ソ連にはたくさんの国営企業が存在し、農業でもソホーズやコルホーズと呼ばれる農場があって、それらが計画経済のもとで管理されていました。けれども、そうした企業の作ったもののやりとりでは、市場での貨幣を使った商品売買が行われていたわけです。

さらに、各々の企業の目的は、剰余価値を最大化することでした。要するに、資本を増やすことを目指していたわけです。これは、資本主義の本質的特徴がソ連において存在していたことを端的に示しています。

一方で、労働者たちには、自分たちで生産手段を管理することは許されませんでした。つまり彼らは、国営企業やコルホーズなどに自分の労働力を販売し、剰余価値を生産する賃労働者だったということです。労働者は相変わらず「二重の意味で自由だった」（本書第2章参照）わけで、国営であるという点を除けば、ここでも資本主義とほとんど変わりません。

たしかに、ソ連の労働者たちの雇用は安定していたかもしれません。けれども、逆に言えば、自由に転職や移動ができませんでした。また、商品の買い手としても著しく制約のかかった状態だったわけですが、これは社会主義の必然的な帰結ではありません。むしろ、肥大化した国家統制が生み出した不自由だったわけです。そのような状況下で、強引な価格統制や計画経済が押し付けられることで、企業のイノベーションは起きにくくなり、労働者たちのモチベーションも下がってしまった。これは効率の悪い資本主義であって、アメリカとの競争は必然的に不利になっていきます。

そうしたなかで、なんとか西側に負けないようにと、コスイギン改革*、ペレストロイカ*などを通じて、より一般的な資本主義の姿に近づいていきます。けれども、そのような中途半端な改革はやっぱりうまくいかずに、最終的に1991年、ソ連は崩壊しました。

逆に、中国では、鄧小平の指導体制で始められた改革開放がうまくいったと言えるでしょう。けれども、それはそれで、資本主義と変わり映えのしない社会を生み出す結果になったのです。

社会主義の皮をかぶった「政治的資本主義」

同様の問題は、植民地支配や占領状態から独立を回復した国々にも見られます。ベトナム、キューバ、エチオピアのように、独立後に社会主義を掲げながら工業化を目指すと、多くの場合、非民主的な「開発独裁国家」になってしまうのです。

開発独裁国家のもとでも、国民自身が生活していくのに必要以上の「剰余労働」の成果は官僚たちによって吸い上げられ、工業化を推し進めるために再投資されていきます。名目上は、祖国発展のために労働者たち自身がそのような剰余労働の使われ方を「望んでいる」のだから、そこに「搾取」は存在しない、とされました。けれども実際には、そのような国民経済計画を立案しているのは一握りの党官僚にすぎないわけで、実態は「搾取」以外の何ものでもないのです。

だから、20世紀を代表するマルクス主義社会学者のイマニュエル・ウォーラーステインは次のように指摘しました。資本主義が「世界システム」として成立してしまっているなかで、ソ連や中国、アフリカの国々が目指したことは、資本主義を別のやり方で発展させ、近代化と経済成長を推し進めることにほかならなかったのだと。

実際、それらの国には、商品も、貨幣も、資本もあって、労働者の搾取も行われていました。ですから、20世紀に社会主義を掲げた国の実態は、労働者のための社会主義とは呼べない単なる独裁体制にすぎなかった。それは、資本家の代わりに党と官僚が経済を牛《ぎゅう》耳《じ》る「国家資本主義」だったのです。

＊コスイギン改革　1964年から80年まで、ブレジネフのもとで首相を務めたコスイギンが推進した経済改革のこと。

＊ペレストロイカ　ロシア語で「建て直し」の意味で、1980年代半ば以降にゴルバチョフが進めた改革。

その社会が資本主義であるかどうかに、政府の大きさや国有の割合は関係ありません。大切なのは、資本を増やすことを目的とした剰余価値の搾取があるかどうかです。ですので、政府が小さくなって市場に任せればより資本主義的になるという「新自由主義」の発想は一面的です。実際、市場がうまく機能するように政府が積極的に関与する中国は、新自由主義ではないけれど、世界随一の資本主義国家なのです。

近年、経済学者のブランコ・ミラノヴィッチは、アメリカやヨーロッパの「リベラル能力資本主義」と対比して中国の資本主義を「政治的資本主義」と呼んでいますが、「政治的資本主義」の内容は本書の「国家資本主義」と変わりません。ずっと前から、ソ連も中国も「政治的資本主義」だったのです。

国有は「共有」とは限らない

ここまでの議論をまとめましょう。

生産手段や生産物の私的所有こそが、資本主義の基礎をなす本質的特徴であり、私的所有を廃棄しさえすれば社会主義に移行できる、という考え方は根強い。しかし、国有化を推し進めたとしても、労働者は、資本を増やすために過酷な条件で搾取され、市場では大量の商品が貨幣によってやりとりされ続けるでしょう。さらに、官僚の支配によって、民主主義は否定され、国家権力が暴走してしまう。

国有化が社会主義だということになれば、誰も社会主義に魅力を感じないのは当然です。けれども、その内実は「国家資本主義」にすぎないのです。つまり、社会主義を掲げる際に、労働者たちの自由や権利を犠牲にしながら、国有化と近代化を推し進めただけのソ連や中国、その他の開発独裁国家を擁護する必要は、いっさいありません。

そもそも、生産手段の私的所有こそが資本主義の根本問題だという考え方は、直感的にわかりやすいものの、表層的な資本主義理解にとどまっています。マルクスが、「労働」に重きを置いていたことを思い出してください。

市場経済の私的所有制のもとで人々が商品や貨幣を絶えずやりとりしているのは、たしかに資本主義社会の日常的風景です。けれども、資本主義の本質は、商品の等価交換の裏に潜んでいる、労働者の搾取による剰余価値生産にあります。

この問題を解決するためには、単に私有から国有へと所有の形を変えるだけでは不十分です。搾取をめぐる問題を、生産手段を誰が所有するのかという問題にしてしまい、労働の問題として考えないのなら、ソ連と同じ過ちを犯すことになります。資本主義を乗り越えるために必要なのは、搾取のない自由な労働のあり方を生み出すことなのです。

繰り返し述べれば、国営企業のもとでも、他人の剰余労働の搾取を前提とした賃労働は存在します。国有とは共有を実現するものではないからです。むしろ、「ノーメンクラトゥーラ」と呼ばれる支配層を生み出したのが、国有化でした。その結果、労働者は自分の意のままにならない、他人による生産手段や生産物の所有に直面したのです。

学費も医療費も無料のドイツ

では、国有化と社会主義を結びつける議論は、なぜ根強いのでしょうか。一つには、国有化への移行なら政治の力で達成できるということが大きいでしょう。経済の問題を、労働者たちが自分たち自身で変えていくのではなく、国家や政治権力で解決しようとするのが、「国家資本主義」の特徴なのです。

マルクスはその危険性に気がついていました。彼は、表層的な資本主義理解に陥ると、革命や選挙などによって政権を奪取し法律を変えればいいという「法学幻想」(643)が生まれてしまう、と警告しています。ところが、現存した「社会主義」は、まさにそのような幻想に陥ってしまったのです。

マルクスによれば、法や制度よりも根幹にあるのが、商品や貨幣が人間を支配するような力を振るっているという現実そのものです。人間とモノの関係性の転倒をマルクスが「物象化」と呼び、批判したのを思い出してください(本書第1章参照)。

ここでまず確認しておきたいのは、マルクスにとって資本主義に抵抗するうえで重要なのは国家権力の奪取や政治体制の変革ではなく、経済の領域でこの物象化の力を抑えていくことなのです。そう言うと難しく感じるかもしれませんが、要するに、商品や貨幣に依存せずとも生きていけるように、日々の選択の余地を広げていくということです。

例えば、日本は高等教育にとてもお金がかかります。私立大学の授業料は年間約93万円。入学金と合わせれば4年間で約４００万円です。国立大学でも授業料は高騰していて、年間約54万円です。そこに、親元を離れて勉強する場合、毎月の家賃や生活費も加わってくる。その結果、学生たちは「奨学金」という名の有利子ローンを組むことになり、卒業までに何百万円もの借金を背負うことになってしまいます。大学は必ず4年で卒業していい企業に就職しようという発想が生まれますし、借金を完済するまでは何としても仕事を辞めないで頑張らないと、というプレッシャーも生じます。

私が留学していたドイツでは事情が大きく異なります。なんと、大学を4年で卒業する人の方が少なく、6年かかるのはいたって普通。博士課程まで入れると20年くらい学生をやっている人もいることに、留学当初は衝撃を受けました。

なぜそんなことができるかといえば、学費が無料だからです。それどころか、1学期2万円ほどで、電車やバスも乗り放題の定期券がついた学生証がもらえる。学生証があれば、学食も数百円で食べられるし、美術館やコンサートの割引もある。あのベルリンフィルのコンサートも15ユーロ（約２０００円）で聴けてしまうのです。もちろん、月３万円くらいの安い学生寮もあります。

授業料だけではありません。ドイツでは医療も原則として無料、介護サービスも手厚い。失業者手当、職業訓練なども充実しています。だから子育てにもお金がかからないし、老後までに２０００万円貯める必要もない。そうなると、嫌な仕事でも必死に堪《こら》えないといけないというプレッシャーは弱まります。

これこそが、福祉国家の研究者であるイエスタ・エスピン゠アンデルセンが「脱商品化」と呼んだ事態です。つまり、生活に必要な財（住居、公園）やサービス（教育、医療、公共交通機関）が無償でアクセスできるようになればなるほど、脱商品化は進んでいきます。これらの財やサービスは、必要とする人に対して、市場で貨幣を使うことなく、直接に医療や教育といった形で現物給付されるわけです。

現物給付の結果、私たちは、貨幣を手に入れるために働く必要が弱まります。福祉国家は、もちろん資本主義国家です。けれども、脱商品化によって、物象化の力にブレーキを掛けているのがわかるでしょう。

国有化よりアソシエーションが早かった

ソ連も教育や医療などを無償化していたので、福祉国家との違いがわかりづらいかもしれません。けれども、ソ連ではまず先行したのは国有化の方です。それとは反対に、福祉国家の場合、先にあるのは、物象化の力を抑えるための社会運動です。これをマルクスは「アソシエーション（自発的な結社）」と呼びます。

実は、マルクス自身は「社会主義」や「コミュニズム」といった表現は、ほとんど使っていません。来たるべき社会のあり方を語るときに彼が繰り返し使っていたのは、「アソシエーション」という言葉なのです。

労働組合、協同組合、労働者政党、どれもみなアソシエーションです。現代でいえば、NGOやNPOも当てはまります。マルクスが目指していたのは、ソ連のような官僚支配の社会ではなく、人々の自発的な相互扶助や連帯を基礎とした民主的社会なのです。

アソシエーションの重要性は、福祉国家で提供されているさまざまなサービスの歴史的な形成過程を見ればわかるでしょう。例えば、失業保険は、労働者自身が給料の一部からみなでプールしていたものです。仕事が欲しくて、安い給料で働く人が出てきてしまえば労働運動の足並みが乱れてしまう。そのため、一定の水準以下で働かないように、失業してしまった労働者たちの生活を、自分たちで支える仕組みができたわけです。

それ以外にも、社会保険や年金から公共図書館や公共医療まで、その発端にさかのぼれば労働組合、近隣互助組織、協同組合などの実践に行きつきます。資本の力を前に人々が自分たちの生活を守り、豊かにするために、自発的な相互扶助のシステムを作りあげていたということです。

要するに、これらはすべて脱商品化に向けたアソシエーションの運動であり、それが20世紀に入ってから、労働者たち自身ではなく、国家によって税金を使った普遍的な形で、国民に対して提供されるようになったのです。つまり、アソシエーション運動は、国営化を党と官僚が進めていく国家資本主義とは順序が逆です。あくまで、普遍的なサービスとしての国有化は、アソシエーションが発展した後にやってきたものなのです。

アソシエーションが経済の基礎にあるので、生活保障のすべてを国家の管理や介入に依存する必要はありません。例えばドイツでは、つい最近まで全国一律の最低賃金の法定がありませんでした。ドイツでは労働組合が日本のように企業別ではなく、産業別に組織されています（金属産業労組はＩＧメタル、サービス産業はver. diのように）。この産業別組合が各企業と産業レベルで結ぶ労使協定によって一定の最低賃金を守らせていたので、わざわざ国家が市場に介入する必要はなかったのです。

いずれにせよ、物象化と脱商品化という視点から考えると、福祉国家にはマルクスの考えていたビジョンと重なるところがあります。アソシエーションという視点からすれば、労働組合運動を禁止して、国有化のもとで官僚が意思決定を独占するソ連や中国といった「社会主義国家」よりも、資本主義のもとでの福祉国家の方が、マルクスの考えに近いのです。

ベーシックインカムという「法学幻想」

マルクスによる「国家資本主義」や「法学幻想」の批判は今日その重要さを増しています。このような幻想は過去に限定される話ではないからです。労働運動が停滞し、アソシエーションが弱まるなかで、国家の強い力を利用した資本主義の改革案が、再び打ち出されるようになっているのです。

例えば、2000年代から人気の根強いベーシックインカム（BI）は、「法学幻想」の象徴です。貨幣をみんなに配るという法律を作ってしまえばいいとするBIの発想は、一見すると非常に大胆です。十分なお金が自動的にもらえるなら、嫌な仕事をわざわざしなくてよくなる。好きな仕事をしながら、自由な時間も増えて、豊かな人生を送れる——というわけです。

なるほど、BIは起死回生の特効薬に見えるかもしれません。とはいえ、月2、3万円を配る代わりに、年金や社会保障費を削減されてしまっては元も子もありません。一方、ＢＩとして毎月10万円くらいを全国民に配ろうとすれば、財源として大企業や富裕層に相当程度の負担を強いることになります。

当然、資本はありとあらゆる手段を使って、そのような増税に抵抗するでしょう。グローバル企業は、日本政府がＢＩのために重税を課すなら、会社をたたんで税負担の低い海外の国へ逃避するぞ、と脅してくる可能性が高いわけです。そうなれば、税収は減り、株価も下がってしまう。これが資本による脅し、「資本のストライキ」です。

資本は、国家を超えて好きなところで好きなものに投資できる、という自由を持っていて、この自由が、移動できない労働者や国家に対する、資本の権力や優位性の源になっています。この自由を盾に、「資本のストライキ」を発動しようとするのです。だから、ＢＩを導入するには国家がこの資本のストライキに打ち勝たなければなりません。そのためには相当な力の社会運動が、後ろ盾として必要となるでしょう。

けれども、もし社会運動の側にそれほどの強大な力があるなら、国家が貨幣を配る以外の社会変革の道を追求することができるはずです。例えば、医療や高等教育、保育・介護、公共交通機関などをすべて無償化して、脱商品化するというように。

ところが、ＢＩという提案がそもそも出てきた背景には、労働運動が弱体化し、不安定雇用や低賃金労働が増大していることが挙げられます。労働運動が頼りないので、代わりに国家が貨幣の力を使って、人々の生活を保障しようとするのがＢＩなのです。

たしかに、毎月手に入るお金が増えれば労働者の生活にも余裕が出て、労働者階級の力が強まるかもしれません。けれども、こうしたやり方は生産のあり方には手をつけないため、資本が持つ力を弱めることはできません。そのため、ＢＩを求める勢力が、資本のストライキにどれほどの力をもって立ち向かえるか、心許ないわけです。

先にも述べたように、ＢＩの考え方は、貨幣が力を持っている現在の状況を、かなり素朴に前提としています。その場合、私たちはＢＩを導入しても、商品や貨幣の力に振り回され続けるのではないでしょうか。物象化の力は全然弱まらないのですから。

それに対して、物象化の力を抑え込もうとしたマルクスは、貨幣や商品が力を持たないような社会への変革を目指していました。もちろん、このゴールは貨幣の力をどれだけ使っても達成することができません。貨幣の力から自由になるためには、貨幣なしで暮らせる社会の領域を、アソシエーションの力によって増やすしかないのです。

ピケティとＭＭＴの死角

ＢＩと同様の「法学幻想」は、『21世紀の資本』の著者でフランスの経済学者トマ・ピケティの税制改革案にも当てはまります。実はピケティも近年「社会主義」を掲げるようになっていますが、彼のやり方は、所得税や法人税、相続税を大きく上げていくことで大胆な再分配を実現することです。例えば、所得税や相続税の最大税率を９割にして、それを原資に、あらゆる成人へ１千数百万円ずつ与えることを提唱しています。もちろん、そのような再分配が行われれば、庶民の暮らしは安定し、豊かになるでしょう。

けれども、そのような大型増税を資本の側が嫌い、必死の抵抗をするのは目に見えています。ピケティの説明では、ＢＩの場合と同様、資本のストライキに立ち向かって、このような大胆な改革を行う力がどこから湧いてくるのかが不明瞭のままです。

結局、ピケティのような良心的なエリートが社会全体のためを思って制度をトップダウンのやり方で設計していくという「法学幻想」は、うまくいきません。資本のストライキに打ち勝つためのアソシエーションの力を育てる必要があるけれど、ピケティが提案する税制改革を支える運動がそもそもどのようにして出てくるかは、はっきりしないのです。

そして、近年「反緊縮派」の理論として注目された現代貨幣理論（Modern Monetary Theory：ＭＭＴ）にも同じ問題があります。ＭＭＴは、自国通貨を発行できる政府は財政赤字を拡大しても債務不履行にならないので、財政赤字でも国は過度なインフレが起きない範囲で支出を行うべきという主張をして、注目を集めました。

ＭＭＴの掲げる大胆な財政出動は、政府が最低賃金で雇用を用意し、望む全員に仕事を提供する「雇用保障プログラム」とセットで生活を保障します。その際には、環境にやさしい持続可能な社会への転換のために必要な仕事を積極的に創出しながら、経済成長を目指していくとされます。

では、これならうまくいくかといえば、積極財政であっても、公的投資に比重が移って、何に投資をすべきかを政府に決められてしまうことを、資本はやはり嫌うでしょう。投資をするかしないかの自由な判断権を、自らの手に完全に掌握しているというのが資本の権力の源泉であり、その力を守るために必死に抵抗するのです。

けれども、ＭＭＴにとって、公的投資による資本の管理は重要です。ただ貨幣をばら撒《ま》くような形になってしまえば、社会保障や環境に優しい仕事だけでなく、軍事や無駄な公共事業に使われてしまうかもしれないからです。あるいは、ばら撒く過程で利権が生まれて、大企業ばかりが儲かるようになってしまうかもしれません。

一方、政府の市場介入が大きくなり、脱炭素や人権擁護などの規則を徹底すればするほど、資本の側からの反発も強くなります。そうすると、資本は国内投資から引き揚げはじめ、通貨は売られて、インフレ圧力が高まるかもしれない。すると、増税や利上げによる景気の引き締めが必要になってしまう。そうした資本のストライキに打ち勝つような力は、ＭＭＴの経済政策のうちにはありません。

結局、トップダウン型で大胆な政策を実行しようとしても、国家が資本のストライキに負けないようにするために、相当程度のアソシエーションの力が必要になるわけです。その際、アソシエーションに求められるのは、労働者たちが、何に投資をするか、どうやって働くか、などを自分で決められるような、生産の実権を握るということです。

もちろん、そのような生産の領域における改革が非常に困難なのは自明のことですが、だからといって、資本と賃労働とのパワーバランスを変えるという根本課題から目を逸らしてはなりません。けれども、そのアソシエーションを作るという視点が、ＢＩにも、ピケティにも、ＭＭＴにも乏《とぼ》しいのです。

そして、そのことは偶然ではありません。階級闘争なき時代にトップダウンで行えるような政治的改革が、ＢＩであり、税制改革であり、ＭＭＴであるからです。これらは、政策や法の議論が先行する「法学幻想」に囚《とら》われているのです。

それに対して、物象化・アソシエーション・階級闘争というマルクス独自の視点をここに導入することは、思考や実践の幅を大きく広げてくれるし、これらの大胆な政策提案を実現するためにも、欠かせない前提条件なのです。

ボトムアップ型の社会変革へ

以上の議論からもわかるように、マルクスは、上からの設計だけで、社会全体が良いものに変わるという考え方を退《しりぞ》けました。（これはトマス・モアのような設計主義的なユートピアと大きく異なる考え方です。）

この点は極めて重要です。なぜなら、アソシエーションを通じた脱商品化を戦略の中心に置くことは、ロシア革命のイメージが強い、20世紀型の社会変革のビジョンに、大きな変容を迫るからです。「トップダウン」型から「ボトムアップ」型への大転換と言ってもいいでしょう。

この変化は、マルクス自身の革命観の変化にも表れています。マルクス自身も、まだ若かった『共産党宣言』（１８４８年）の段階では、恐慌をきっかけとして国家権力を奪取し、生産手段を国有化していく「プロレタリアート独裁」を掲げていました。けれども、『資本論』では、議論の力点は大きく変わります。『資本論』に、そのような恐慌待望論は見当たらなくなるのです（プロ独の考えを捨てたわけではありませんが）。

むしろ、本書の第2章や第3章でも見たように、『資本論』のマルクスは労働時間短縮や技能訓練に力点を置いていました。革命の本であるにもかかわらず、重視されるのは資本主義内部でのアソシエーションによる改良なのです。

こうした力点の変化の背景には、マルクス自身が革命の困難さを認識したことがあります。『共産党宣言』のマルクスは、労働者の窮乏化と恐慌によって、近いうちに革命が起き、それで社会主義体制を打ち立てることができると、楽観的に考えていた節があります。けれども、１８４８年革命における労働者蜂起はうまくいかずに、資本主義は息を吹き返しました。１８５７年に始まった恐慌の時も同じでした。

資本主義のしぶとさを前にして、マルクスは、その力の源泉を探究する必要性を痛感するようになっていきます。それがマルクスを経済学批判に導いたのであり、その研究成果である『資本論』においては、マルクスは楽観的な変革ビジョンを捨て去り、革命に向けた資本主義の修正に重きを置いたのです。

その際マルクスは、賃上げよりも労働時間短縮を重視したわけですが、これも、物象化という視点から考えると、その理由がわかります。時給を上げることにももちろん意味はありますが、労働者たちはより長く働いて、貨幣を手に入れようという欲求からは解放されません。むしろますます貨幣に依存するようになっていく。欲望は無限だからです。

実際、西欧福祉国家は労働時間短縮を採用しました。例えば、フランスは労働時間が週35時間です。こうした労働時間の短縮は、労働者に余暇（自由時間）を生みます。けれども、余暇があっても、日曜日にどこの店も開いていれば、やはり資本主義に呑み込まれてしまうでしょう。だから、日曜日はレストランや美術館などを除いて、百貨店やショッピングモール、スーパーなどは原則として閉まっているわけです。

お店が閉まっているから、資本主義的な消費活動をすることがそもそもできません。「ウィンドー・ショッピング」というのは、日本でしばしば誤解されているような、お金がなくてお店の外からブランドの商品を眺めていることを指すわけではありません。日曜日にお店が閉まっているから、仕方なく外から眺めているのです。

店が閉まっているので、必然的に別の形の、余暇の過ごし方が生まれます。カフェで読書し、政治談義をする人もいる。スポーツチームでサッカーをする人もいる。庭や農園の手入れをしてもいい。デモやボランティアをする人もいます。

まさに脱商品化と結びついた余暇が、非資本主義的な活動や能力開花の素地を育むわけです。それが、さらなるアソシエーションの発展や脱商品化の可能性を広げていくことにもつながっていきます。こうして、コスパ思考に回収されない、社会の富の豊かさが醸成されることになるのです。

福祉国家の限界

とはいえ、福祉国家も完全に資本主義の問題を解決したわけではありません。部分的な改革は資本主義の枠内でも可能とはいえ、やはり、全体として見れば、依然としてそれは資本主義なわけです。このことがさまざまな矛盾を生むことになります。ここでは、福祉国家の限界を4点ほど指摘しておきましょう。

第一に挙げられるのが、官僚制の肥大化という問題です。アソシエーションに端を発したとはいえ、さまざまな財やサービスが国家のもとで提供されるようになっていくなかで官僚制は次第に大きくなっていきます。ここでも、ソ連と程度は違えど、官僚支配と非効率という問題が浮かび上がってくることになります。

一方、国民の側も、アソシエーションへ自らが自覚的に参加していた状態から、大きな労働組合の幹部に任せっきりで、国家が提供するサービスを受益するだけの受動的な状態へと変わっていってしまいました。しかも、労働者階級が資本家階級と妥協していく過程で、自らも資本主義的な価値観を内面化するようになったのです。そうするとアソシエーションの力は弱まっていきます。

そもそも、福祉国家の再分配政策が可能になるためには高度経済成長が必要でした。それゆえ、安い食料や資源を途上国から持ってくることは、資本家にとってだけでなく、労働者たちにとっても望ましいこととされました。高度経済成長の時代には、自動車やエアコン、テレビなども一般家庭に普及し、彼らの生活を豊かなものにしたからです。その結果、労働者階級も資本家と一緒になって、より弱い立場の者から搾取・収奪することで自分たちの生活改善を目指すようになっていきます。

ここで明らかになる福祉国家の第二の限界は、南北問題です。つまり、いくら労働者階級の生活を脱商品化したように見えたとしても、それはあくまでも先進国の一国内（あるいはEUのような一地域内）の話であって、それ自体が、外部としての途上国や旧植民地国からの膨大な搾取に依拠していました。にもかかわらず、労働者たちも、より弱い立場の者からの搾取を批判する代わりに、資本主義の恩恵を享受して満足するようになってしまった。これを、ドイツの社会学者であるウルリッヒ・ブラントとマルクス・ヴィッセンは「帝国的生活様式」と呼んで批判します。

こうした暮らしの本質は、収奪と外部化です。このことが第三の問題を生みます。「帝国的生活様式」を可能にするために利用されたのは、人間だけではありません。自然環境が収奪されたのです。労働者階級の生活改善が優先されるなかで、大量生産・大量消費のライフスタイルが普及していきました。自然環境はその犠牲になったのです。公害問題や景観破壊が発生し、環境運動からも福祉国家は批判されるようになっていきます。

第四の問題が、福祉国家の家父長的性格、つまり、ジェンダー不平等を再生産してしまったという問題です。労働運動は、結局、マジョリティとしての男性の運動へと矮小《わいしょう》化《か》されていきました。男性が労働者として毎日働けるようにするためのケア労働・再生産労働は女性の仕事とされ、料理、洗濯、子育てなどは資本主義の再生産にとって必須であるにもかかわらず、賃金はいっさい支払われないまま放置されました。もちろん福祉国家には、介護や保育などの再生産労働を肩代わりして「脱ジェンダー化」する側面もありましたが、その多くは依然として女性に押し付けられたままだったのです。

こうした福祉国家の限界に、私たちはしっかりと向き合わなければなりません。要するに、新自由主義の矛盾が露わになっているとしても、福祉国家モデルに単純に戻ることは許されないのです。

まず、福祉国家を可能にしていた高度経済成長は、もはや先進国にとって達成可能なものではありません。さらに、気候変動に代表される地球の限界を前にして、さらなる外部化や収奪をすることもできなくなっている。それに、これまでの批判を考えると、先進国中心で、官僚制的、男性中心主義的な運動は、社会を変えるために必要な広がりを欠くでしょう。

つまり、階級だけでなく、ジェンダーや環境、人種の問題に取り組む、新しいアソシエーションと脱商品化の道を改めて考えなければなりません。そして、それが〈コモン〉の再生であり、最晩年のマルクスが考えていた「脱成長コミュニズム」なのです。

第6章　コミュニズムが不可能だなんて誰が言った？

なぜマルクスは将来社会像を具体的に描かなかったか

さていよいよ、マルクスが思い描いていた将来社会の姿を見ていきましょう。とはいえ、この問題を考えようとすると、マルクスが資本主義を超えた社会の姿を曖昧なままにしてしまっているという難題に、すぐにぶつかることになります。

ここには、そのような社会を具体的に想像するのが難しいという自明の理由がありますし、『資本論』が未完のままに終わってしまったという理由もあります。

けれども、別の理由もあります。それは、将来社会を想像する際に、現在の価値観や常識を無批判的に投影してしまうというリスクがあるということ。つまり、今の社会の欲望とか、ジェンダー観とかをベースにして、将来社会の働き方や自由・平等を構想してしまうという誤りを犯す可能性がある。未来社会はその時々の人々が自分たち自身で作り出すものだと考えたから、マルクスはあえて具体的に描かなかったのです。ですから、私たちは、マルクスに頼りきってしまうのではなく、自分たちでどのような社会を作るのか、いろいろ試行錯誤しなければなりません。

ところが、マルクス研究者たちは、ソ連という「社会主義」を掲げる体制があったことに甘えて、ポスト資本主義の可能性を真剣に考えてきませんでした。そんななかでソ連崩壊を迎えたため、その後は、資本主義以外の社会像を想像することが、ますますできなくなってしまった。こうして、資本主義に代わる新しい社会の像を、私たちはいつまで経っても描けないでいます。

この難題を避けるかのように、２０００年以降、マルクスの『資本論』は資本主義批判の本として読まれるようになっていきました。そうすることで、コミュニズム論と切り離して、『資本論』を参照しながら、過労死とか、恐慌とか、環境破壊とか、資本主義の問題を論じるようになったのです。でも、それだけでは足りないのではないでしょうか？

マルクスは自らの健康や家族を犠牲にしてまで『資本論』を執筆しました。それも、資本主義社会を乗り越えた、新しい社会を作るという生涯のプロジェクトがあったからこそ。けれども、マルクス主義を名乗る人の多くが、もはや「コミュニズム」を掲げていないのです。「行き過ぎた」資本主義を批判しているだけ、要するに新自由主義批判で止まっているように、私には見えます。しかしそれでは、マルクス主義の独自性は失われ、その存在意義が疑われても仕方がないし、衰退するのもやむを得ないでしょう。

やはり、私たちは、コミュニズムというユートピアを想像するために、『資本論』を読むべきなのです。だから最終章では、この難題に敢えて挑戦したいと思います。

『資本論』に収められなかったもの

　前章でも触れましたが、マルクスの思想は時代ごとに大きく変わっていきます。それゆえ、どの時期に注目するかで議論の内容も変わってくるのですが、私は晩期マルクスに注目したいと思います。

　亡命先のロンドンで『資本論』執筆にとりかかったマルクスは、１８６７年に第１巻を刊行した後も、毎日のように大英博物館の閲覧室に朝９時から夕方の６時までこもり、研究を続けていました。けれども、体調の悪化もあり、著作を公にすることはほとんどありませんでした。

　だから、こうした晩期マルクスの思想に肉薄するには、エンゲルスの編集した『資本論』を読むだけではなく、マルクス自身が書いた『資本論』草稿や準備ノートに立ち返り、さらに、第２巻・第３巻を完成させるために、彼がどんな研究をしていたのかを知る必要がある――。それが近年、ようやく可能になってきたのです。

　新しい全集、ＭＥＧＡで刊行された抜粋ノートを繙《ひもと》くことで、マルクスが晩年に何を勉強し、どういう問題意識を持っていたかがわかるようになったからです。本書第４章で触れたリービッヒやフラースについての抜粋もそうですが、そこにははっきりと、森林破壊や資源枯渇のような環境問題への関心の深まりが記録されています。

けれども、MEGAで明らかになってきているのはそれだけではありません。マルクス自身の理論を転換することを迫るような心理的葛藤も刻まれています。ここでも読解のカギとなるのが、マルクスの物質代謝論です。

原古的な共同体における「平等」

実は、エコロジーと並んでもう一つ、晩年のマルクスが熱心に研究していたテーマがあります。それが、資本主義以前の西欧、あるいは当時の非西欧社会にまだ存在していた「共同体」です。古代ゲルマン民族のマルク協同体*に関心を持ったのを皮切りに、古代ローマや、アメリカ先住民のイロコイ連邦*、ロシアのミール共同体*、さらにはインド、南米の共同体にまで研究の手を広げているのです。

なぜマルクスは共同体社会に関心を寄せたのでしょうか？　マルクスがこのテーマに興味を持ったきっかけは、マルク協同体をはじめとする「原古的《アルカイック》な」共同体では土地が共有

＊マルク協同体　農地（マルク）を所有し共同利用していた村落。

＊イロコイ連邦　北アメリカ東部の森林地帯に居住したイロコイ族六部族によって構成された共同体。

＊ミール共同体　農業用の土地を共同で所有し、経営は個別に行っていた、自然発生的な自治組織。

物として扱われ、人々が「平等」に暮らしていたということでした。

マルクスはゲオルク・ルートヴィヒ・フォン・マウラーというドイツ人法制史家のマルク協同体についての本を読んだ際にも、詳細な抜粋ノートを、しかも数年ごとに何回も作成しています。そして、こうした平等に関する記述のうちでマルクスは、マウラーの著作にも、フラースと同様、「社会主義的な傾向」を見出しています。彼らの著作は、資本主義のような格差社会が必然ではないという歴史的事実をはっきりと示しているからです。

自然科学と共同体を同時進行で研究していたマルクスは、やがて自然の「持続可能性」と、人間社会における「平等」の、強い連関に気づきます。

というのも、富が偏在すれば、そこに権力と支配―従属の関係が生じ、それをさらに強固なものにしようと、人間や自然からの掠奪が始まってしまうからです。その結果、資源が枯渇することになれば、今度は奪い合いの争いが起きる。そのような状況では到底、社会の繁栄を実現することができません。

だからこそ、前資本主義社会のさまざまな共同体は、伝統や宗教、土地の共同所有、くじ引きによる割り振りなどさまざまな手段を使いながら、富の偏在化を防いでいたのです。

実際、共同体社会では、他人に無理やり言うことを聞かせることができません。相手は気に入らなければ、その共同体を出て行ってしまうかもしれないし、逆に、みんなに嫌われれば、自分が出ていかないといけないかもしれない。このように、権力による支配関係が不在の状態、それが、平等だということです。こうして、一般的な共同体社会のイメージとは裏腹に、むしろ、個人は主従関係なしで、自律的に振る舞うことができていたのです。

「唯物史観」からの転向

　では、マルクスが注目していた原古的共同体は、なぜ「持続可能性」と「平等」を両立させることができていたのでしょうか。そこには、資本主義とはまったく異なる仕方での人間と自然の物質代謝の営みがあったからです。この点を研究するのが、マルクスの共同体研究の目的だったのです。

　18世紀の初頭まで庶民の生活に際立った変化はなかった、とケインズが指摘していたように（本書第3章参照）、こうした共同体では、毎年基本的には同じような生産活動が繰り返されていました。決まった時期に、決まった作物を植える。作付けや収穫は祭りや儀式と結び付けられ、共同体全体の事業として管理されていました。経済学者ロバート・ハイルブローナーの分類に従えば、共同体は「伝統」に依拠した経済システムだったのです。

共同体では、「富」が一部の人に偏ったり、奪い合いになったりしないよう、生産規模や、個人所有できる財産に強い規制をかけていました。こうすることで、人口や資本、生産や消費の総量が変わらないまま推移する「定常型経済」を実現していたのです。

また、遠方との交易も限定されていますから、自給自足に近い形で、「循環型経済」を実現していました。だから、飛躍的な生産力の増大も、土壌を疲弊させることもなく、自然に必要以上の負荷をかけることもありませんでした。

ところが、資本主義の「囲い込み」と工業化によって、自然のもつ力が壊されていきました。その帰結は、第4章でも見た通りです。

けれども、そのような共同体は、遠い過去にだけ存在したわけではありません。実は、マルクスの同時代にもありました。それがロシアです。だから、ロシアの農耕共同体であるミールを、マルクスは晩年にとりわけ熱心に研究したのでした。

ロシアの共同体研究に取り組むことになった直接のきっかけは、『資本論』のロシア語訳を出すために、ロシア人の革命家たちと交流するようになったことです。そして、途中からはロシア語を自分でも学び始め、最新の文献を原典で読み漁《あさ》るようになります。

さらに興味深いことに、マルクスはミールに、西欧社会と比較して「経済的優位性」さえも認めています。近代化の進んでいない農耕共同体であるにもかかわらず、です。なぜでしょうか。それは、ミールがまさに定常型の共同労働・共同所有を実現していて、そのことが、平等と持続可能性の源泉になっていたからです。

この点こそが、とても重要です。なぜなら、マルクスにとってこれは、非常に大きな立場の転換を意味するからです。

一般的なマルクス理解によれば、生産力を発展させていくことが、歴史をより高い段階へと進めていく原動力だとされています。これを「唯物《ゆいぶつ》史観《しかん》」と呼びます。

ところが、そのような歴史観は容易に、技術革新の進んでいる先進国が、世界で最も進歩的な地域であるという主張に結びついてしまいます。そうすると、「野蛮人」を啓蒙するために資本主義による「文明化」が必要だ、という形で、植民地支配が正当化されてしまうことになりかねません。「唯物史観」が人種差別の原因になってしまうわけです。事実、マルクスは20世紀に入ってから、「ヨーロッパ中心主義の思想家」として繰り返し批判されました。

しかし、マルクス自身はロシアやほかの非西欧共同体を研究するなかで、そのような歴史観と決別するようになるわけです。つまり、西欧が失った平等や持続可能性をいまだに保持している共同体社会の可能性を高く評価するようになり、コミュニズムの基盤になるとさえ言うのです。

「脱成長コミュニズム」へ

マルクスが晩年に獲得した新しい歴史観が最もはっきりと現れているのが、１８８１年に書かれたロシアの女性革命家ヴェラ・ザスーリチに宛てて執筆した手紙の草稿です。そこには次のような一節があります。

> ヨーロッパでただ1つ、ロシアの共同体は、いまなお、広大な帝国の農村生活の支配的な形態である。土地の共同所有が、それに集団的領有の自然的基礎を提供しており、またそれの歴史的環境、すなわちそれが資本主義的生産と同時的に存在しているという事情が、大規模に組織された協同労働の物質的諸条件を、すっかりできあがった形でそれに提供している。それゆえ、それはカウディナのくびき門を通ることなしに、資本主義制度によってつくりあげられた肯定的な諸成果を自らのなかに組み入れることができるのである。〔中略〕現在の状態のもとで正常な状態におかれたあとでは、近代社会が指向している経済制度の直接の出発点となることができ、また自殺することから始めないでも、生まれかわることができるのである。（全集第19巻408頁）

マルクスによれば、ロシアは資本主義という屈辱的な道（「カウディナのくびき門」とはサムニウム戦争で降伏したローマ兵が、半裸にされ、敵兵の前で頸木《くびき》の下をくぐらされた屈辱的状態を指します）を通ることなく、ミールの共同性を基礎として、一気にコミュニズムへと至ることができる。

つまり、資本主義を無理やり導入して共同体を破壊したりする必要はない。そのような外的な強制力なしに、ロシアの共同体は西欧資本主義の果実をうまく取り込みさえすれば、自分たちの力で、コミュニズム（＝「近代社会が指向している経済制度」）を打ち立てることができるというのです。このような発言は、マルクスがヨーロッパ中心主義の進歩史観を捨て、自らの歴史観を大きく変えたことを示唆しています。

その上で注目したいのは、同じ手紙のなかでの次の発言です。

> 資本主義は西欧でも、アメリカ合衆国でも、労働者大衆とも科学とも、またこの制度の生み出す生産力そのものとも闘争状態にあり、一言でいえば危機のうちにある〔中略〕その危機は、資本主義制度の消滅によって終結し、また近代社会が、最も原古的な類型のより高次の形態である集団的な生産および領有へと復帰することによって終結するだろう。（同前393頁）

ここでは、むしろ西ヨーロッパの方が、自らの危機を解決するためにはミールに見られるような共同体社会に「復帰する」必要がある、と言われているのです。もちろん、文明やテクノロジーを捨て、自然に帰るという意味ではありません。だからマルクスは、「高次の」と付け加えているわけです。

マルクスが単に資本主義のもとでの近代化を無制限に進めていけばいいと考えていたのではないことは、引用からも明らかでしょう。無限の資本の価値増殖と競争のための技術革新は、「修復不可能な亀裂」を産んでしまう。

ここで、共同体社会が、伝統に依拠した定常型の持続可能な社会であったことを思い出してください。ということは、西ヨーロッパの社会もそのような社会に移行する必要があると、晩年のマルクスは考えていたのです。

マルクスがミールを参照しながら目指していた豊かさは、個人資産の額やＧＤＰで測れるようなものではありません。（そもそもＧＤＰでは幸福度合いも、飲料水のきれいさも測れないのです！）近代化や経済成長だけを重視するあり方から脱却して、人間と自然の共存を重視し、富の豊かさを取り戻すことを要求していたのです。

繰り返せば、そのような「高次の」共同体社会を実現するために、無限の経済成長は必要ありません。生産力を無限に上げていく必要もないのです。だから私はこれを「脱成長」型経済と呼んでいます。つまり、晩期マルクスのコミュニズム像は、「脱成長コミュニズム」になっていくわけです。そして、これこそが、大国になることを目指したソ連や中国とはまったく違う、ポスト資本主義社会の可能性を切り開くのです。

「各人はその能力に応じて、各人にはその必要に応じて！」

ただし、とても残念なことに、マルクスは「脱成長コミュニズム」論を、まとまった形で展開していません。その限りで、21世紀に生きる私たちはマルクスとともに考えつつ、しかし同時にマルクスを超えて、新しい社会のビジョンを作り出す必要があります。（この点については、私の『人新世の「資本論」』も是非あわせて読んでみてください。）

では、マルクスは、具体的にどんな将来社会を思い描いていたのでしょうか。そのヒントとなる一節が、『資本論』第1巻の終わりの方にあります。

> 否定の否定は、生産者の私的所有を再建することはせず、資本主義時代の成果を基礎とする個人的所有をつくりだす。すなわち、協業と、地球と労働によって生産された生産手段をコモンとして占有することを基礎とする個人的所有を再建するのである。
> (791)

ここで筆者が「地球」と訳した言葉（Erde）は、「大地」、「土地」と訳されてきました。なぜここで「地球」と訳したかというと、マルクスは「土地」という単語を、自然全体というような、非常に広い意味・概念として使っているからです。一般に「土地」というと不動産的なイメージを持ちますが、マルクスはその土地に生える草木や、その土地を流れる小川、地下に眠る資源なども含めた意味で語っているのです。

そして、「否定の否定」とは、資本の本源的蓄積によって「否定」され、生産手段と自然を掠奪された労働者が、資本の独占を「否定」し、解体して、生産手段と地球を「コモンとして」取り戻す、ということです。「コモンとして」とは、共有財産として、ということです。つまり、誰か一人が独占所有（「私的所有」）するのではなく、みんなで共有する。なぜか。「地球」は誰のものでもないからです。一企業、いや、現代の先進国の私たちが好き勝手に使って枯渇させたり、破壊したりしていいものではありません。

マルクスは『資本論』第3巻の草稿でも、「地球」に言及しながら、次のように書いています。（こちらは一般的な訳でも「地球」になっています。）

より高度な経済的社会構成体の立場から見れば、個々人による地球の私的所有は、あ

> る人間によるほかの人間の私的所有と同様にまったくばかげたものとして現れるだろう。１つの社会全体でさえ、１つの国でさえ、否《いな》、同時代のすべての社会を一緒にしたものでさえ、地球の所有者ではない。それらは地球の占有者、地球の用益者にすぎないのであり、よき家父として、これを改良して次の世代に遺さなければならないのである。

水や森林、あるいは地下資源といった根源的な富は、国や市場ではなく、アソシエーションを通じて、「コモン」としてみんなで、持続可能な形で管理していこう、ということです。

例えば、みんなでリンゴを栽培するとしましょう。収穫して、みなに分配されたリンゴは、それぞれの「個人的所有」になります。でも、リンゴ畑やリンゴの栽培に必要な道具、あるいは栽培方法といった「知」は、みんなの共有財産です。それを「私的所有」にしてしまう必要はない。資本主義のもとで囲い込まれ、独占所有されてきた「富」を、人々が取り戻し、生産者レベルで共同所有・共同管理していこうというわけです。

要するに、マルクスが思い描いていた将来社会は、「コモンの再生」にほかなりません。コモン（common）に基づいた社会こそが、コミュニズム（communism）です。わかりやすく言えば、社会の「富」が「商品」として現れないように、みんなでシェアして、自治管理していく、平等で持続可能な定常型経済社会を晩年のマルクスは構想していたのです。

その際、どのように富をコモンとしてシェアするかというと、

各人はその能力に応じて、各人にはその必要に応じて！（全集第19巻21頁）

これは、マルクスが晩年の1875年に著した『ゴータ綱領批判*』のなかの一節です。隠れた言葉を補うならば、人々は、各々の能力に応じて人々に与え、必要に応じて人々から受け取ることができる。

資本主義で支配的な商品交換ではそうはいきません。商品交換は等価のものを交換する。お互いに貸し借りなし、交換をしたら、はいさようなら、というドライな世界です。

それに対して、コミュニズムは贈与の世界と言ってもいいでしょう。等価交換を求めない「贈与」、つまり、自分の能力や時間を活かして、コミュニティに貢献し、互いに支え合う社会です。もちろん、「贈与」といっても差し出してばかりではなく、逆に自分が必要なものは、どんどん受け取ればいい。そうやって、生活に必要な食料や土地、道具、さ

らには知識などの富が持つ豊かさを、分かち合いの実践を通じて、シェアしていこうということです。

お互い、持ちつ持たれつ。世の中には、数学が苦手だけれど体を動かすのが好きな人もいれば、口下手だけれど絵が上手い人もいる。運動神経はないけれど勉強が得意、という人もいます。人々の能力は異なるのだから、それぞれの良いところを活かして、助け合う社会です。能力の違いは当たり前にあっていい。そして、困った時は、助けてと言ってもいいのです。

よく「社会主義」のイメージとして誤解している人がいますが、国家が個人の様々な違いを無視して、無理やり画一的な平等をもたらす必要はどこにもありません。脱成長コミュニズムのポイントはただ、今の社会のように、それぞれの人間がもつ個性をこんなに大きな経済格差につなげる必要性はどこにもないということです。

＊**『ゴータ綱領批判』**　1875年5月、ドイツ社会主義労働者党の結成に際して、全ドイツ労働者協会（ラサール派）と社会民主労働者党（アイゼナハ派）がゴータ市で合同大会を開いた際に採択された「ゴータ綱領」に対して、ライバルであったフェルディナント・ラサールの影響力増大を見て取ったマルクスが、これを批判する目的で発表した文書。

パリ・コミューンの経験

それにしても、マルクスの将来社会のビジョンに、晩年になってからなぜこのような大転換が起きたのか。晩年のロシア研究の結果というだけでは説得力に乏しい、と感じる読者もいるかもしれません。

実は、もう一つの大きなきっかけがあります。それが、パリ・コミューンという出来事です。

1871年2月の選挙後、プロイセンと戦っていたフランスのアドルフ・ティエール率いる新政府は、プロイセンによるパリ占領を容認する形で講和します。そのことに激怒したパリ市民が武装蜂起したため、ティエールらはパリを放棄してヴェルサイユに逃走しました。その結果樹立された革命自治体が、パリ・コミューンです。

フランス政府側のヴェルサイユ軍によって鎮圧されるまでの約2カ月間しか存在しませんでしたが、世界初の「労働者自治政府」として歴史に名を残しています。マルクスも『フランスの内乱』（1871年）という本を書いて、その興奮を綴っています。

とはいえ、当初マルクスはパリ市民の蜂起に懐疑的でした。時期尚早な革命は失敗し、無駄な犠牲を出すだけだと考えていたからです。けれども、アナーキストたちの奮闘もあって労働者自治政府が設立されるなかで、マルクスのコミューン評価は肯定的なものへと変わっていきます。軍によって制圧されるまでの2カ月間、資本主義の中心に、別の新しい社会のあり方が具現化したという事実が、晩年のマルクスの思考を大きく変化させるわけです。

　パリ・コミューンが大事なのは、社会主義の欠点としてしばしば言われるような、官僚支配が画一性を押し付け、自由や民主主義を犠牲にするという批判が、まったく当てはまらないような社会を実現したからです。むしろ、一般の男性・女性が参加したコミューンは多様性にあふれる、民主的で平和な自治組織だったと言われています。コミューンには、あらゆる外国人の参加が認められていました。

　さらに、国家の暴力装置である軍隊や警察は解体されました。そして官僚制を解体するために、労働者たち自身が構成員となった議会は、立法するだけでなく、その執行も行う行政機関として生まれ変わります。もちろんそれでもいくつかの官僚的機能は残りましたが、その賃金は一般の労働者なみに下げられ、市民によって選ばれ、いつでもリコールできる代表者に取って代わられたのです。そして、聖職者たちは「生活の隠遁《いんとん》所に送り返され」（教会や学校など公の場での職務から追放され）、教会の資産は没収されました。

　労働の現場にも大きな変化が起きます。過酷な夜勤や児童労働は廃止されました。代わりに教育も無償となり、非宗教化されて、あらゆる子どもたちに提供されました。教育現場からは教会や国家の影響力が取り除かれ、労働者自身が教えるようになり、男性と女性の賃金格差もなくなりました。学校はある種の職業学校に生まれ変わり、階級やジェンダー、人種の違いにかかわらず、「構想と実行の分離」を乗り越えることが目指されたのです。

まさに、特権階級なきアソシエーションや協同組合が、コミューンでは次々と芽生えていました。これこそまさに「労働の民主制」であり、〈コモン〉の再生です。つまり、資本主義の中心であるパリに、貨幣と商品をやりとりして資本を増やすことを目的とするのではない、贈与や相互扶助に基づいた実践が広がったのです。そして、そのような経済的領域における大改革を基礎として、コミューンという形の、国家ではない、まったく新しい民主的な政治形態も実現されたのです。

この出来事の経験が、マルクスのコミュニズムについての考えを確実に変えていきます。例えば、『共産党宣言』（初版１８４８年）に付け加えられた「ドイツ語版の序文」（１８７２年）では『フランスの内乱』から引用しながら、次のように言われるようになります。

パリ・コミューンにおいて得られた実践的経験に照らしてみれば、この綱領は、今日ではところどころ時代おくれになっている。とりわけコミューンは、「労働者階級は、できあいの国家機関をそのまま奪いとって、自分自身の目的のために動かすことはできない」〔中略〕ということを証明した。（全集第4巻590―591頁、村田陽一訳）

ここでは、１８４８年に執筆された時からの認識の変化が強調されているのがわかるでしょう。『共産党宣言』の段階では、革命によって国家権力を奪取して、その力を社会主義設立のために使えると素朴に考えていた節がありました。けれども、パリ・コミューンの経験を踏まえて、真に平等で、民主的な社会を作るためには、国家権力を使う以外の道を試す必要があると、強調されるようになっているのです。

古くて新しい「コミューン」

パリ・コミューンの経験が、晩期マルクスをロシアのミールを中心とした共同体研究に向かわせたと考えるのは自然なことです。そこでは、西欧とロシアの「コミューン」＝「共同体」が呼応し合っているからです。

もちろん、当時マルクスが読んでいたマウラーやフラースらの文献で展開されている古代社会やロシア社会の認識について、現代の知見からその誤りを指摘することは可能です。けれども、それをもって、年老いたマルクスが、異国の前近代社会を誤って理想視してしまった、というふうに考えるべきではありません。

ここで重要なのは、マルクスが過去の共同体社会に見出したものは、単なる空想ではなかったという事実です。むしろ、パリ・コミューンという、突如、現代資本主義の中心に現れた〝ポスト資本主義〟の姿を、マルクスはロシアの前資本主義社会に再発見したのです。時代と地域の離れた両者が共鳴し、アナクロニズム（時代錯誤）が現実になっている。『マルクスの亡霊たち』という本のなかのジャック・デリダの表現を借りれば、ここでは「時間が脱臼《だっきゅう》している」のです。

経済成長を絶対的目標とするのではないし、国家に依存するのでもない。そのような共同体社会の存在が過去にはあったという事実、そして、それは現代においても可能だという事実が重なり合う。ここでマルクスは、「最古のもののなかに最新のものを見出して」いるわけです（１８６８年3月25日エンゲルス宛の手紙）。

ここに、古いコミュニズムと新しいコミュニズムの連続性を見出すマルクスの姿があります。それは、国家と官僚が中心となって近代化を推し進めるソ連や中国とはまったく違う、コミュニズムの姿です。

国家による強い統制を拒否しながら資本の廃絶を目指すという意味で、パリ・コミューン以後のマルクスの思想を「アナーキスト・コミュニズム」と呼びたいと思います（ちなみに、この言葉を最初に使ったのは、ジョゼフ・デジャックとされています。彼は、マルクスの論敵であったジョセフ・プルードンを厳しく批判すると同時に、ピョートル・クロポトキンという、脱成長型の未来社会を展望したロシアのアナーキストにも大きな影響を与えた人物です）。

アナーキズムといっても、個人主義ではないし、無秩序な無政府状態でもありません。国家や資本による支配・従属関係を退けるために、下からの連帯を目指す「アソシエーション主義」を指します。

20世紀の歴史においては、資本の力を制御しようとして、東側ではソ連型社会主義が、西側では福祉国家型資本主義が確立され、お互いしのぎを削っていくようになります。その結果、西側も東側も、生産力を上げるために国家が中心となって経済を管理していくという成長モデルに収斂《しゅうれん》していきました。

成長主義の枠組みへと資本主義のオルタナティブ構想が矮小化されて、国家権力志向が強まるにつれ、マルクス主義はアナーキズムと対立するようになっていきます。まさにその過程で見失われてしまったのが、最晩年のマルクスによる〈コモン〉の思想だったのです。

今やソ連は存在せず、福祉国家も衰退しています。けれども、ＢＩやＭＭＴのような左派の「法学幻想」を見ていると、20世紀の国家主義の呪縛《じゅばく》からいまだに逃れられていないことがわかります。そして、まさにそのことが、ポスト資本主義を構想するための私たちの想像力を貧しくしています。だからこそ、「アナーキスト・コミュニズム」の発想が、必要なのです。

労働者協同組合のポテンシャル

では、どのような未来社会の可能性を、マルクスはパリ・コミューンのうちに見出したのでしょうか。マルクスは『フランスの内乱』で珍しく「コミュニズム」という言葉を使って、次のように述べています。

> もし協同組合的生産が欺瞞《ぎまん》や罠《わな》にとどまるべきでないとすれば、もしそれが資本主義システムに取って代わるべきものだとすれば、もし協同組合の連合体が1つの共同計画にもとづいて全国の生産を調整し、こうしてそれを自分の統制のもとにおき、資本主義的生産の宿命である不断の無政府状態と周期的痙攣《けいれん》を終わらせるべきものとすれば――諸君、それこそはコミュニズム、「可能な」コミュニズムでなくてなんであろうか？（全集第17巻319―320頁）

ここでは、協同組合的生産がコミュニズムの基礎であるとされます。マルクスが念頭に置いているのが、国家が中心となるソ連型「社会主義」とは大きく異なっているのがわかるでしょう。

とはいえ、協同組合とは何か、についてもう少し説明が必要かもしれません。生協や信用金庫なども協同組合ですが、マルクスが念頭に置いているのは、労働者協同組合です。

実は、2022年10月に、日本でもついに「労働者協同組合法」が施行されました。でも、まだあまり知られていないので、その理念を少し説明しておきましょう。

協同組合においては、構成員の労働者たちは、自分たちで出資し、共同経営者となります。そうすることで、労働者は自分たちで能動的に、民主的な仕方で、生産に関する意思決定を目指します。資本家たちに雇われて給料をもらうという賃労働のあり方が終わりを告げ、自分たちで主体的、かつ民主的に会社を経営するようになるわけです。

協同組合が作るものは、ないならないで別に困らないようなぜいたく品ではなく、人々が生きていくのに欠かせないような必需品です。「新奇性」という付加価値をつけてでっち上げるために、過剰な広告を打ったりもしません。それに、SNSやスマホゲームのように、中毒性をもって私たちの時間やデータを奪うようなものも作りません。それよりも、労働者の働きがいや地域のニーズを重視するのが労働者協同組合です。労働者協同組合によって、生産に必要な知識や生産手段、生産物が〈コモン〉になっていくのです。

その際、〈コモン〉をミクロな、小さな変革として捉えるのは一面的です。日本の労働者協同組合は、地域の保育や介護、林業や清掃業などが中心ですが、事業の可能性は無限大。海外、特にスペインやイタリアでは、家電産業や農業、出版業など多部門で事業が展開されています。

さらに、協同組合はソーシャルビジネスや自治体ともつながっていくことで、もっと広いマクロな範囲でアソシエーションを構築していくことができるはずです。それは、コモンを管理するいくつもの連合体が、お互いに生産調整を行うイメージです。

そうすることで、社会で誰が何をどれだけ必要としているかがわからないままに無計画に生産するという資本主義社会のあり方が、徐々に抑制されるようになっていきます。マルクスは資本主義に特徴的な、無計画の分業に基づいた商品生産のあり方を「私的労働」と呼んでいますが、そのような私的労働をなくして賃労働を廃棄するのが、アソシエーション社会の目標です。

これは一見すると、分業が複雑化した現代社会においては実現不可能に思われるかもしれません。けれども、それが現実のものとなる余地は、ＩＣＴ（情報通信技術）やアルゴリズムが発展している現代社会において、むしろ飛躍的に拡張しています。

実際、大企業のグローバルサプライチェーンは、自分たちの必要とするものを、市場でのやりとりを経由せずに、相当な規模で確保しているわけです。それを労働者自身が能動的に管理していくような生産体制にシフトしていこうというわけです。

もちろん、今の生産規模を維持する必要はどこにもありません。不必要な商品や過剰になった品目数を減らしていき、より「地産地消」で必需を反映した生産へとスケールダウンしていくことも、新技術の力を最大限活かすことになるはずです。

「使用価値経済」への大転換のために

このように、脱商品化を進めて〈コモン〉を増やし、労働者協同組合や労働組合によって私的労働を制限していく。そして、無限の経済成長を優先する社会から、人々のニーズを満たすための、使用価値を重視する社会へと転換するのです。

パンデミックの時、資本主義の金儲けの論理が社会を覆っていたために自分たちでは必需品が作れなくなっていることが判明した先進国にとって、自給型の「使用価値経済」への転換は欠かせません。それは、戦争やインフレ、気候危機によって経済成長が困難になり、食糧やエネルギー不足、サプライチェーンの攪乱といった安全保障上のリスクが増大する時代の自己防衛策でもあります。

大量生産や大量消費をやめた使用価値経済では、過剰な広告や頻繁なモデルチェンジ、計画的陳腐化なども不要になります。マーケティングや広告、コンサルタントのような、使用価値を産まない仕事は、もっと削られてもいいはずです。（少なくとも彼らがエッセンシャル・ワーカーの何倍もの給料を支払われる必然性はどこにもないのです）。

残った仕事は「ワークシェア」すれば労働時間を短縮でき、自由時間が増大します。その際には、ワークシェアの理念に合わせて、賃労働と家事労働の区別もなくさねばなりません。後者を女性ばかりに押し付けるのもやめて、いろいろな仕事をみなでローテーションしながらシェアするのです。

労働者自身が何をどのように作るかを決められるようになれば、構想と実行の分離が乗り越えられます。そうすれば、技術は、労働者を管理・支配するための手段から、能力の差を乗り越えて、自由に働けるようにするための補助手段へと変わる。つまり、技術革新の成果は、さらなる（無駄な）商品を作るために使われるのではなく、労働時間を短くしたり、能力の差を埋め合わせて、作業をより平等に行うために使われるようになります。

そこでは、一部の人だけが楽しくやりがいのある仕事を独占して、他人に命令をしながらお金儲けをする一方で、特定の人がいつも介護や洗濯、料理といったケア労働を強いられるというような社会的分業は廃止されます。

もちろん、依然として高度なスキルが必要な仕事があるため、すべての仕事をローテーションできるわけではないでしょう。とはいえ、その際にも、現在の社会のように、高度な技術を持つとされる仕事に、必要以上に高い賃金が支払われる必然性はありません。代わりに、労働時間を短くするという形で報酬やインセンティブを与えるような社会にしたらどうでしょうか。

こうした大転換の先にあるのが、脱成長コミュニズムです。コミュニズムは、教育、医療、移動手段などが無償となり、食べ物、衣服、本なども、だんだんとお互いの贈与でやりとりされるようになっていく社会です。また、職業訓練、デイケア、子育てのサポートが十分に整備・供給されることで、誰もが自分の能力を全面的に開花させることができる社会です。これこそが、「各人の自由な発展が万人の自由な発展のためのひとつの条件であるようなアソシエーション」なのです（『共産党宣言』）。

民営化ならぬ「市民営化」へ

荒唐《こうとう》無稽《むけい》な話のように聞こえるかもしれませんが、コモンを基礎とするコミュニズムの原理は、資本主義社会のもとでも常に作用しています。友達の引っ越しを手伝うような、損得を抜きにした助け合いもその一つです。

ほかにも、子どもの友達が遊びに来て、ついでに食事を与えた親が、相手の親にその代金を請求したりしませんよね。次の機会には相手の家で食べさせてもらったり、おさがりの洋服をもらったりとか、そういうことが贈与のやりとりです。

つまり、私たちはみな、日常においてはコミュニストなのです。会社でも同僚を助けませんか？　その意味で、資本主義さえコミュニズムなしには成り立ちません。

そうした実践を友人や家族に限定する必要はないのです。少なくとも、私たちは商品や貨幣に依存しない〈コモン〉の関係性を、今よりももっと広げられるはず。

資本主義の暴走が進むなか、〈コモン〉の領域を広げようとする動きは、実際に存在します。市民が出資して電気を地産地消する「市民電力」の取り組みや、インターネットアプリを介してスキルやモノをシェアする「シェアリング・エコノミー」も広がっています。私はこうした動きを、新自由主義の「民営化」に抗する「市民営化」と呼んでいます。

もちろん、「市民営化」が進んでも、依然としていろいろな財やサービスが、貨幣を使って商品として交換され続けるし、その限りで、市場は残るでしょう。とはいえ、資本主義以前の社会においても、市場はあったのですから、別に市場を完全に否定する必要はありません。資本主義の特徴は、商品がすべてを覆ってしまい、ただただ資本を増やすために、人間や自然を収奪していくことにあります。

「市民営化」と〈コモン〉が大きく広がった時の市場の姿は、今とはその様相を大きく変えているはずです。なぜなら、人々は商品や貨幣だけにすっかり依存するということがなくなっているし、相互扶助が広がることで、利潤獲得を目的にする動機も弱まっていくからです。

社会の富があふれ出す

そのような将来社会で回復される富の豊かさについて、マルクスは有名な一節で次のように表現しています。再び『ゴータ綱領批判』から引用しましょう。

> コミュニズムのより高度の段階で、すなわち個人が分業に奴隷的に従属することがなくなり、それとともに精神労働と肉体労働の対立がなくなったのち、労働が単に生活のための手段であるだけでなく、労働そのものが第一の生命欲求となったのち、個人の全面的な発展にともなって、またその生産力も増大し、協同的な富のあらゆる泉がいっそう豊かに湧きでるようになったのち、そのとき初めてブルジョア的権利の狭い

視界を完全に踏み越えることができ、社会はその旗の上にこう書くことができる——各人はその能力に応じて、各人はその必要に応じて！（全集第19巻21頁）

ここでも描かれているように、コミュニズムでは「構想と実行の分離」がなくなり、固定的な分業もなくなります。利潤追求のために無理やり生産性を上げて大量生産するというようなこともやめるわけです。

それでも、資本主義が生み出す浪費、独占、民営化がなくなれば、社会の「協同的な富」は万人にとって「豊かに湧きでるように」なる。マルクスが構想した将来社会は、コモンを基礎とした〝豊かな〟社会です。ここでいう富の豊かさとは、生産力をひたすら上げていった先にある単なる物質的な豊かさではありません。それでは、「ブルジョア的権利の狭い視界」にいつまでも囚われたままでしょう。そうではなく、ワークシェア、相互扶助、贈与によって脱商品化された〈コモン〉の領域を増やしていくことで、誰しもに必要なものが十分に行きわたるだけの潤沢さを作り出すのです。

もちろん、好き勝手に富を浪費するのではありません。地球をコモンにするという、先に引用した一節を思い出してください。私たちは、地球を先代から受け継ぎ、未来の世代に残す必要がある。自然資源や地球環境は個人の必要を満たすために好き勝手に利用していいものではありません。そうである以上、各人の「必要」もまた、他者の尊厳や相互扶助といった関係性のもとで、具体化されるものなのです。

目指すのは、お金のあるなしに関係なく、みんなにとって大事なものを、みんなで管理し、共有できる豊かさであり、すべての人が「全面的に発達した個人」（本書第3章参照）として生きられる社会です。商品として貶められてきた社会の「富」が持つポテンシャルを最大限に発揮させ、さらに発展させることができる社会と言ってもいいでしょう。

この大転換の結果、経済成長を目的としない脱成長型社会が実現され、生産は初めて持続可能なものになる。そして、「修復不可能な亀裂」も修復されるというわけです。

このようなマルクス解釈を突飛《とっぴ》だと感じる方もいるかもしれません。けれども、それは、私たちが20世紀の社会主義のイメージに囚われているからです。当時このような考え方をしていたのはマルクスだけではありませんでした。

同時代のパリ・コミューンに影響を受けた社会主義者たちも、消費主義ではない、将来社会の富の潤沢さを強調しています。例えば、マルクスからも大きな影響を受けていた社会主義者ウィリアム・モリスも、「富」について次のように述べています。

> 富とは、自然が私たちに与えてくれるものであり、道理をわきまえた人間が、道理に

> かなった用途のために、自然の恵みのなかから作り出すものだ。日光、新鮮な空気、損なわれていない地面、食糧、必要で見苦しくない衣服と住居、あらゆる種類の知識の蓄積、そしてそれを広める力、人間同士が自由なコミュニケーションを取るための手段、芸術作品、人が最も人間らしく、向上心に燃え、思慮深いときに創造する美、つまり、自由で人間的で堕落していない人間の楽しみ、そのために役立つすべてのもの。それが富である。（「意味のある労働と無意味な労苦」、『素朴で平等な社会のために』所収、150頁、城下真知子訳）

モリスもまた、資本主義のもとでの独占によって生じる「人工的貧困」を批判しています。そして、あらゆる富の創造を、働くことの喜びをもたらし、各人の才能を開花させる「芸術」として再定義しようとしていました。そのために協同組合運動をやりながら、「富」という概念を拡張していったのです。

モリスの考える富の豊かさは、消費主義的な富のあり方とはまったく異なります。これは、第1章で見た『資本論』冒頭の富の話と呼応するわけです。モリスは、フランス語版『資本論』がボロボロになるまで持ち歩いて読んでいたと言われています。

ロシア革命以前、パリ・コミューンを経験した19世紀末の社会主義者たちにとっては、むしろ、私たちが思い描くようなソ連や中国の「社会主義」よりも、こうして、「協同的な富」の豊かさを実現するアソシエーション型社会の方が、よりリアルなものでした。そのような体験をもとにして、モリスも有名な『ユートピアだより』を書いたのです。

パリ・コミューンはなぜ失敗したか

もちろん、『ユートピアだより』の世界を実現するのが極めて困難であることは私も否定しません。パリ・コミューンも〝一瞬〟しか存在しませんでした。

パリ・コミューンが1871年5月末に軍隊によって鎮圧されてしまった原因の一つは、コミューンが孤立していたからです。警察の封鎖線が敷かれてしまったため、地方とのやりとりは風船や伝書鳩《でんしょばと》で行われ、途中からは、パリと地方を往来するための旅券も復活していました。

その結果、地方の人々は、「新聞の嘘と中傷」を通じてしか、コミューンで行われていた試みを見ることができなかったと、マルクスは『フランスの内乱』の第一草稿で述べています。本当は、コミューンは農民の利害も反映し、重税や抵当債務、徴兵制から解放することを目指していたのにもかかわらず、両者は対立するかのように宣伝された。だから、農民たちはコミューンのために一緒に戦おうとしなかったのです。

パリと地方には分断があったわけです。パリ市民だけで、政府のヴェルサイユ軍に勝てないことはわかりきっていた。それに、都市の労働者は地方の「生々しい利益」、「現実の必要」に応えて、農民たちと連帯することができないと、資本にも勝つことはできない。けれども、この分断を乗り越えることはできなかったのです。

この点でも、ロシアとパリは共鳴します。なぜかといえば、ロシアのミール共同体もまた、点在して孤立した状態で存在していたからです。マルクスは、これではミールがロシアの帝政に勝つことはできないとわかっていました。

ザスーリチ宛の手紙の草稿でも、「ある共同体の生活とほかの諸共同体の生活との結びつきの欠如」に特徴づけられた、ミールの「局地的小宇宙性」を「あらゆる意味で有害な」「弱点」として指摘しています。だからこそ、西ヨーロッパの資本主義がもたらした鉄道や電信などの果実を、ロシア社会がしっかりと取り込むことの重要性をマルクスは唱えたのでした。

このように、「都市と農村の対立」を乗り越えるのは、晩年のマルクスにとって本質的な課題でした。マルクスは１８７０年代以降、熱心にロシアの農村共同体や、非西欧・前資本主義社会の研究をするようになったわけですが、その背景には、都市と農村、労働者と農民、資本主義の中心と周辺の関係をめぐる問いを、パリ・コミューンの敗北を踏まえて、改めて考え直すという側面もあったのです。

この「都市と農村の対立」の話を一国内に限定する必要はありません。都市と地方の分断だけでなく、先進国と途上国の分断を克服しない限り、資本主義に立ち向かうことはできないからです。

こうして、マルクスの問題関心は、最後までどんどん広がっていきました。しかし、それは同時に、『資本論』の完成をより困難なものにしたのです。結局、未完のまま終わった『資本論』は、未来社会の姿や、そこにたどり着くための道程を描き切っていません。

だとすれば、マルクスの考えは結局、実現不可能な妄想にすぎなかったのでしょうか？

各地で動き始めた「アソシエーション」

実は、世界に目を向けると、「都市と農村の対立」を乗り越える「アソシエーション」を作ろうとする動きが、21世紀に出てきています。そして、その試みがコロナ禍や気候変動を前にして、さらなる広がりを見せているのです。

今、世界的に大きな注目を集めているのが、スペイン第二の都市バルセロナの呼びかけで始まった「ミュニシパリズム*（地域自治主義）」の国際的ネットワークです。

なかでも、２０５０年までの脱炭素社会実現を目指すアムステルダム市が、コロナ禍のさなかに、オックスフォード大学の経済学者ケイト・ラワースの「ドーナツ経済」という考えを導入することを発表して、話題を呼びました。

まず、「ドーナツ経済」について、簡単に説明しましょう（224頁の図参照）。ドーナツの内側の輪郭が社会的基盤を示しています。教育や民主主義、住宅、電気などへのアクセスが不十分になると、人々はドーナツの穴に落っこちてしまいます。一方、外側の輪郭は地球の環境的上限（プラネタリー・バウンダリー＝惑星的な上限）を表しています。それゆえ、むやみやたらにエネルギーや資源を使用するなら、この外側の輪を突き抜けてしまい、地球は破壊されてしまうでしょう。だから、できるだけ多くの人がこの両方の円の間（＝ドーナツの身の部分）に入るような生活を実現する必要があるというのが、ラワースの発想です。

ところが、資本主義は格差を広げ続け、グローバル・サウス*の人々がドーナツの身の部分に入ることさえ許さず、また無限の経済成長を目指した先進国の放埓な生活は、ドーナツの外側の円を突破してきました。これまでの経済成長偏重を根本的に是正し、脱成長型経済に転換していくことをドーナツ経済は求めています。

ラワースはコミュニズムを要求しているわけではありません。けれども、ドーナツ経済の考え方は、既存の資産への見方を大きく変えていきます。

例えば、これまでであれば、不動産価格が上がることは、投資という観点から歓迎され、都市開発の成功の証《あかし》とみなされたでしょう。けれども、それが多くの人々の住環境を脅かすのであれば――アムステルダムでは5人に1人が家賃を十分に払えないレベルにいます――不動産売買への規制や資産への課税、公営住宅の拡充が要請されることになります。

また、より公正な社会を実現するためには、先進国による途上国からの搾取もやめなくてはなりません。それゆえアムステルダムは、西アフリカのカカオ、バングラデシュの洋服、スマホやパソコンに用いられるコルタン鉱石のコンゴでの生産における搾取や環境破壊を透明化し、是正しなければならないと、フェンケ・ハルセマ市長は述べています。

もちろん、そのためには、オランダの労働者たちに安定した雇用を保障し、彼らが安い商品を買わざるを得ないという格差構造を抜本的に変えていく必要があります。こうし

***ミュニシパリズム**（municipalism）　原語は地方自治体を意味するmunicipalityで、政治参加を選挙のみに限定せず、地域に根差した自治的な民主主義や合意形成を重視する運動。

***グローバル・サウス**　地球の北半球に多く位置する国々と南半球の国々との格差をめぐって従来「南北問題」の語が使われてきたが、急速に進むグローバル化と新自由主義の伸展を背景に、新たな視点で「南」と「北」を対比した場合、「南」を包括的に指す呼称。

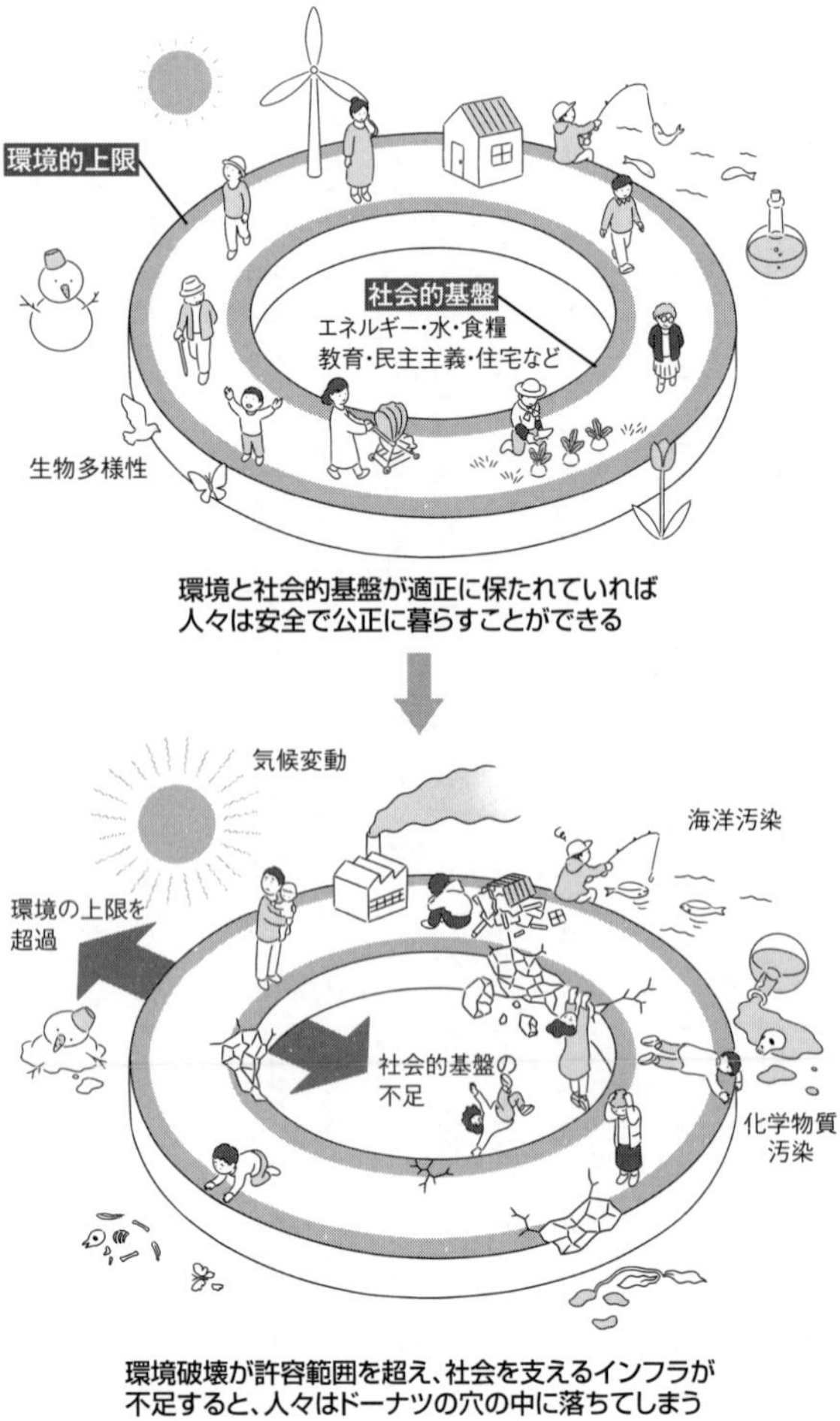

図　ケイト・ラワースによる「ドーナツ経済」のアイデア

ケイト・ラワース発表資料をもとに作成

て、環境破壊と貧困を同時に解決すべく、アムステルダムの市民たちは、まったく新しい都市の未来を考えようとしています。

　普通の経済学者であれば、環境の持続可能性と市民の生活改善を両立させるためには、かつてないほどの技術革新と経済成長が必要だ、と言うでしょう。けれども、アムステルダムは成長に依存しない街作りに舵を切ったのです。

　ほかにも事例はたくさんあります。ミュニシパリズムの動きに触発されて、ドイツのベルリン州でも、家賃高騰に反対する住民たちが中心となった住民投票が２０２１年９月に行われました。その内容は、３０００戸以上のアパートを所有する不動産会社に対して、州がその一部を強制的に買い上げ、公営住宅にするという非常に大胆なものです。しかも、この提案は賛成多数となりました。残念ながら、法的な拘束力はないのですが、州政府はこうした提案を検討しなければならなくなりました。いずれにせよ、このようなかなり大胆な提案を人々が受け入れるようになっていることが、資本主義への脅威となり始めているのです。

　民営化や緊縮のような新自由主義的な政策を押し付ける国家や、社会の富を商品化しようとするグローバル企業に対して「恐れることなく」ＮＯを突き付け、全住民のために行動する革新的自治体が生まれています。１つの街だけでは立ち向かえないかもしれない。

だからこそ、アムステルダムやベルリンの挑戦は、国境を越えて、グローバル・サウスとも連帯しながら、グローバル資本主義に立ち向かう姿勢を見せているのです。

今こそマルクスに学ぶ

グローバル資本主義に対抗すべく、ローカルなコミュニティや地方自治体が、グローバルにつながり始めている――。これは果たして何を意味するのでしょうか。

近年の経済格差、気候変動、そこに重なった今回のパンデミックと戦争。「資本主義はそろそろ限界かもしれない」と感じている人は、若い世代を中心に確実に増えています。「これからも、これまで通り経済成長と技術革新を続けていけば、いつかはみんなが豊かになる」という〝トリクル・ダウン〟の神話は、もはや説得力を失っています。

では、どんな社会、どんな世界で暮らしたいのか。そのために、どのような選択をするのか。喫緊の課題ですが、私たちに今、そのはっきりとした答えはありません。

けれども、そうしたなかで、世界では〈コモン〉の領域を広げていこうとする動きが市民を中心として広がり、国際的な連帯を生み出しています。そうした事例に学びながら、それぞれの知を持ち寄って、偏見なしにあらゆる可能性を考え、行動する時です。

マルクスによれば、変化の担い手は「プロレタリアート」です。プロレタリアートというと、男性の工場労働者をイメージする人も多いと思いますが、資本主義のもとで負の影響を受けている人はみな、ある意味でプロレタリアートです。

長時間労働と低賃金で疲弊しているエッセンシャル・ワーカー、仕事が不安定で常にストレスを抱えている人、仕事にやりがいが感じられない人もそうです。仕事でも、日々の暮らしのなかでも、私たちは市場の論理、競争原理に振り回されています。資本主義のもとでは、私たちはみなプロレタリアートなのです。

さらに言えば、人種問題やジェンダーの問題、環境問題や移民問題も、資本主義の影響を強く受けています。当然ながら、資本主義がなくなったとしても、こうした問題が一気に解決するわけではありません。けれども、資本主義のもとでは様々な不平等が生じ、不平等が多様な「階級」を作って、そこに貧困や困難が固定化されているので、大きな改善をもたらすでしょう。

資本主義は格差や分断を生み、弱き者たちからさらに奪ってきました。そして、市場は貨幣なき者を排除します。だから、商品化の力を弱めて、人々が参加できる民主主義の領域を経済の領域にも広げようとマルクスは言います。それこそが、あらゆるものの「商品化（commodification）」から、あらゆるものの「コモン化（commonification）」への大転換に向けた、コミュニズムの闘いなのです。

マルクスはユートピアの思想家である

ここまでマルクスの『資本論』を、晩年の思索の足跡も重ねながら読み解いてきました。マルクスのイメージが変わったのではないでしょうか。

マルクスが今日の社会的、経済的課題に対する唯一の絶対的答えを持っているというわけではありません。けれども、少なくとも彼は、資本主義的な経済成長で問題解決を図るやり方とは違う道を、最も体系的に追求した思想家の一人です。

今のような危機の時代にこそ、『資本論』を読んで、資本主義社会の「常識」を越えて、今とは違う豊かな社会を思い描く想像力を取り戻し、行動を起こすためのきっかけにして欲しいと、心から願っています。

でも、そんな昔の本よりも、もっと最新の経済学の研究とかを読んだ方がいいのではないか、と依然として感じている方もいるかもしれません。19世紀のマルクスの考えが、なぜ今も重要なのか、と。

それは、マルクスが、革命とユートピアの思想家だからです。第二次世界大戦後の思想にはしばしば、これからの時代は革命も世界大戦もなく、安定した状況で経済成長を追求できるという暗黙の想定がありました。だからこそ、社会民主主義の福祉国家路線のように、国家をうまく使いながら徐々に社会を改良していけばいい、という楽観的な思想が広く受け入れられたのです。

けれども、そのような楽観的な未来予測はもはや通用しなくなっています。一部の人々は人類のさらなる進歩の可能性を繰り返し唱えていますが、昨今の状況を見ればすぐわかるように、これからの世界はより混沌とした状況に陥っていく可能性が残念ながら高い。今まで通りが続くと信じる方が空想的なのです。

実際、新自由主義の時代は終わりました。パンデミック、戦争、気候危機などの慢性的緊急事態の時代には、強い国家が要請されるからです。この慢性的緊急事態を放置すれば、ますます国家の力が強まって、ファシズムや全体主義となっていくでしょう。もちろん、スターリンやヒトラーの再来をもたらすことは許されません。

そうした「野蛮状態」を避けるためには、格差や搾取、戦争や暴力、植民地支配や奴隷制などの問題に向き合い、国家の暴走に抗いながら自由や平等の可能性を必死に考えようとした思想家たちの、知恵と想像力から学ぶことが求められます。

これこそ、私たちが今『資本論』を再び読まなければならない理由なのです。

さて、２０１０年代をみなさんはどのように振り返るでしょうか。私は、「革命」の10年だったと考えています。

革命？　そんなのどこで起きたんだ。革命なんて、もうとっくに時代遅れだ——と感じる人がほとんどでしょう。自公政権は安定しており、労働運動や学生運動なんてみじんも盛り上がっていません。日本でもっとも左派的な政党とされる日本共産党ですら、「革命」なんてもはや表立っては掲げていないわけです。

でも、そんな日本にだって２０１０年代の初頭には、福島の原発事故をきっかけに反原発運動がかなり盛り上がりました。デモが起きない、とずっと言われていた国で、久しぶりに大きなデモが行われるようになったのです。この出来事は、私が環境問題に関心を持つきっかけにもなりました。

とはいえ、原発は今も動いています。最近は電力逼迫《ひっぱく》のせいで、原発再稼働どころか、原発新設なんて声も出てきているくらいです。反原発の戦いは敗北に終わりました。

世界に目を向けましょう。同じ頃、アメリカでは、ウォール街占拠運動が盛り上がっていました。「われわれが99%だ」というスローガンを掲げ、ニューヨーク市のズコッティ公園を占拠した若者たちは、上位１%の超富裕層への富の偏在を批判したのです。

ご存じのとおり、この運動も数カ月後には警察によって排除され、敗北します。それでも、アメリカで資本主義を批判する運動がこれほどの支持を集めることを、誰が予想していたでしょうか？

ウォール街占拠運動のきっかけとなったのが２０１１年の「アラブの春」でした。チュニジアで格差に不満をもった若者が焼身自殺したのをきっかけとして、中東やアフリカの各国で次々と起きたこの蜂起によって、エジプトのムバラク政権やリビアのカダフィー政権といった、何十年も続いた独裁政権が倒されたのです。しかしここでも、チュニジアの「ジャスミン革命」を除く多くの国では革命は敗北し、独裁政権が復活しています。

抗議活動は欧州でも広がりました。スペインでは、15Mという運動に「怒れる人々」が参加しました。その運動は広がって、左派のポデモスが政権を取りました。ギリシャ危機では左派連合のシリザが政権を取り、財政難を解決するために緊縮財政策を推し進めていたＩＭＦ（国際通貨基金）・ＥＣ（欧州委員会）・ＥＣＢ（欧州中央銀行）の「トロイカ」に挑んだ（そしてここでも敗北した）のを覚えている人も多いでしょう。

少し遅れてアジアでも、台湾の「ひまわり運動」、香港の「雨傘運動」、タイやミャンマーの「ミルクティー同盟」などの民主化運動が繰り広げられています。

そして、今、この「あとがき」を書いている最中にも、イランでは、22歳の女性がヒジャブで髪が十分に隠れていないという理由で道徳警察に逮捕され、勾留中に亡くなった事件がきっかけとなり、大きな反政府抗議活動が起きています。女性たちが自由と平等を求めて――ヒジャブの着け方以外にも、そもそも自転車に乗る自由も、少し前までサッカー観戦すら認められていなかった！――、文字通り命懸《が》けで戦っています。この戦いの顚末《てんまつ》はまだわかりませんが、女性たちが主導する世界史上初めての新たな革命の可能性を示しています。

世界のいたるところで、これまでのやり方からの大胆な転換を求める声が高まっています。１９９１年にソ連が崩壊してからは、グローバル資本主義の時代となり、社会運動にとっては冬の時代が続きました。けれども、２０１０年代以降に、この停滞を打ち破るような変化が世界中で出てきているのです。

実際、近年の欧米では、ミレニアル世代（１９８０―90年代前半生まれ）やZ世代（１９９０年代後半以降に生まれた世代）と呼ばれる若者を中心に「社会主義」を肯定的に捉える人が増えています。２０１６年の大統領選挙を控えて、民主社会主義者を自認するバーニー・サンダース上院議員が躍進するという、いわゆる「サンダース旋風」が巻き起こりました。

国連の会議で、各国の気候変動対策を痛烈に批判したスウェーデンの環境活動家グレタ・トゥーンベリも象徴的です。２０１８年、まだ15歳の時、気候変動対策を求めて、たった一人で学校ストライキを始めた彼女の行動は大きな共感を呼び、「未来のための金曜日」の運動は、世界中に一気に広まりました。

グレタ・トゥーンベリも、「無限の経済成長というおとぎ話」を批判し、資本主義に代わる「新しいシステム」を求めています。多くの若者たちが「ジェネレーション・レフト（左翼世代）」として、社会主義の理念に共鳴するようになっているのです。

私は、こうした状況を歓迎すると同時に、憂慮しています。私自身、リーマンショック後の転換期に20代を過ごし、マルクスを研究すると決め、資本主義についての思索を深めてきました。私自身は新しい社会を展望しようとする世界中の革命の試みから、大いに刺激を受け、勇気をもらっています。革命の試みは「敗北」を続けていても、そこには公正な社会の実現を――ときには命懸けで――目指す仲間がいるのです。私は彼女らとこれからも連帯したい。

一方で、人々の不満が良い社会を作る方向に向かう保証はどこにもありません。2010年代は、「革命の時代」であったと同時に、「反動の時代」でもあったわけです。事実、世界中で、民主主義や正義を求める声を圧政が押しつぶしています。

現実に絶望した人々は、恵まれない境遇への怒りや絶望を誰かにぶつけてしまうかもしれません。移民や少数民族に対する排外主義、障害者や女性への殺傷事件、右派ポピュリズムといった動きは、日本も無縁ではありません。

現状への不満や未来への恐怖が排外主義などの反動的欲望へと転化しないようにするためには、別のより魅力的な選択肢が存在することを、説得力ある形で示す必要があります。けれどもそれは容易なことではありません（容易だったら、日本のリベラルもこれほど低迷していないでしょう）。みなが当たり前だと思っていることを疑い、別の道を考え、行動するというのは本当に難しい。それでも、まずは誰かが問題提起をする必要があります。

本書は、『資本論』を使った、ひとつの問題提起です。だから、この本は入門書だけれども、資本主義批判としてだけでなく、コミュニズム論にもなっています。マルクスについての本は膨大な数があるのに、コミュニズムという視点から書かれた入門書がないことが、現在のマルクス主義や左派の低迷をもたらしていると思うからです。

もちろん、本書の『資本論』解釈が絶対的に正しいものだと言うつもりは毛頭ありません。マルクスのどの時期に着目するか、どの論点を強調するかで、浮かび上がってくる姿はかなり異なってくるからです。

例えば、マルクスは技術を素朴に賛美していたわけでもない一方で、頭ごなしに拒絶していたわけでもありません。この両義性をどのように解釈するかで、マルクスの思想は違った一面を見せるし、それに合わせて、将来社会の構想も変化します。だから、古典は面白い。今でも私たち自身の問題意識を映し出す鏡として、『資本論』は何度も違った視点から読み直す価値があるのです。

是非、この危機の時代に、あなたも『資本論』にチャレンジしてみてください。きっと、世界の見え方が変わるはずです。

さて、最後に少しだけ、『資本論』の入門書への読書ガイドをしておきましょう。入門書はたくさんあるので、ここではユニークなものを2つ紹介したいと思います。

一つが、ヨハン・モスト『マルクス自身の手による資本論入門』（大月書店）です。これはドイツ社会民主労働者党のモストが獄中で執筆した『資本論』入門書『資本と労働』に、マルクス本人が大幅な改訂を加えた作品です。まさに、マルクス自身が幅広い読者に向けて書いた〝入門書の決定版〟と言える作品です。

もう一つは、『普及版　マルクス経済学レキシコン』（大月書店）。戦後日本を代表するマルクス研究者である久留間《くるま》鮫造《さめぞう》が編纂した「レキシコン（＝語彙・用語集）」は、「方法」、「唯物史観」、「恐慌」、「競争」など、テーマごとに、マルクスがいつの時代に、どのような議論をしていたかが、網羅されています。パソコンによる語彙検索などもできない時代に、これほどのレキシコンを作り上げた熱意に、圧倒されること間違いなし。相当なページ数があり、すべてを読み通すことは難しいかもしれません。それでも、まさにマルクスとともに、マルクスに入門するために最高の作品であることは間違いないでしょう。是非、一度手に取ってみてください。

■本書は、韓国研究財団（NRF-2021S1A3A2A02096299）、ならびにJSPS科研費若手研究「環境危機の時代における脱成長とグリーンニューディールの批判的統合」（JP20K13466）の支援を受けており、その成果として刊行される。

本書は、「ＮＨＫ１００分de名著」において２０２１年１月・12月に放送された「カール・マルクス『資本論』」のテキストを底本として、加筆・修正し、新たに書き下ろした章を加えたものです。

編集協力　大旗規子
校閲　髙橋由衣
図版作成　小林惑名
イラスト　芦野公平
ＤＴＰ　㈱ノムラ
協力　ＮＨＫエデュケーショナル

斎藤幸平 さいとう・こうへい
1987年東京生まれ。
ウェズリアン大学卒業、ベルリン自由大学哲学科修士課程・
フンボルト大学哲学科博士課程修了。
大阪市立大学准教授を経て現在、東京大学准教授。
著書に『大洪水の前に――マルクスと惑星の物質代謝』(角川ソフィア文庫)、
『人新世の「資本論」』(集英社新書)、
『ぼくはウーバーで捻挫し、山でシカと闘い、水俣で泣いた』
(KADOKAWA)など。

NHK出版新書 690

ゼロからの『資本論』

2023年1月10日　第1刷発行
2023年2月25日　第3刷発行

著者　斎藤幸平
発行者　土井成紀
発行所　NHK出版
〒150-0042 東京都渋谷区宇田川町10-3
電話 (0570) 009-321(問い合わせ) (0570) 000-321(注文)
https://www.nhk-book.co.jp (ホームページ)

ブックデザイン　albireo
印刷　新藤慶昌堂・近代美術
製本　藤田製本

Printed in Japan　ISBN978-4-14-088690-8 C0210